一本书读通
管理学

邢群麟 蔡亚兰 编著

THE MANAGEMENT BOOK

光明日报出版社

图书在版编目（CIP）数据

一本书读通管理学 / 邢群麟，蔡亚兰编著 . ﹣﹣北京：光明日报出版社，2011.6
（2025.1 重印）

ISBN 978-7-5112-1119-4

Ⅰ . ①一… Ⅱ . ①邢… ②蔡… Ⅲ . ①管理学—通俗读物 Ⅳ . ① C93-49

中国国家版本馆 CIP 数据核字 (2011) 第 066110 号

一本书读通管理学

YIBENSHU DUTONG GUANLIXUE

编　著：邢群麟　蔡亚兰

责任编辑：温　梦　郭　丹　　　　　　　责任校对：米　菲

封面设计：玥婷设计　　　　　　　　　　封面印制：曹　净

出版发行：光明日报出版社

地　　址：北京市西城区永安路 106 号，100050

电　　话：010-63169890（咨询），010-63131930（邮购）

传　　真：010-63131930

网　　址：http://book.gmw.cn

E－mail：gmrbcbs@gmw.cn

法律顾问：北京市兰台律师事务所龚柳方律师

印　　刷：三河市嵩川印刷有限公司

装　　订：三河市嵩川印刷有限公司

本书如有破损、缺页、装订错误，请与本社联系调换，电话：010-63131930

开　　本：170mm×240mm

字　　数：204 千字　　　　　　　　　　印　　张：15

版　　次：2011 年 6 月第 1 版　　　　　　印　　次：2025 年 1 月第 4 次印刷

书　　号：ISBN 978-7-5112-1119-4

定　　价：49.80 元

前　言

　　在我们这个时代，作为社会组织或团体中的每一位成员，无论是管理者还是被管理者，都是通过高效的管理来达到个人目标的。那么最便捷的达到高效管理的途径是什么？答案之一应该是：看书！聪明人总是能够通过正确的阅读方式获得智慧。要读书，就要读好书，读最伟大的书。那么，什么是"最伟大的书"呢？

　　"最伟大的书"是指那些流芳百世的经典，它们不仅在当时特殊的社会背景下帮助人们解决了一个个复杂而又棘手的问题，推动了整个人类历史的进程，而且在今天，仍可以用来解决我们所面临的问题。了解并阅读这些经典之作，必将给每一位读者以智慧的启迪。

　　岁月的长河积淀下了很多伟大的书，人们都渴望尽量多地阅读这样的书，以便更好地达到个人目标，而愿望却常常与时间发生冲突，谁能阅尽千百部的大著作呢？

　　能否有一种好的办法解决这样的困境？

　　世界第一CEO杰克·韦尔奇在谈到读书时说："对于管理学方面的书籍，我最喜欢读那些书的内容简介，或读一些集中介绍这些书籍的书，因为这样不但可以节约时间成本，更重要的是可以直接明白管理大师们的观点或思想体系。"

　　这就是世界第一CEO指点给我们的解决办法：如何花最少的时间读最多的管理学经典。

　　于是便有了本书的诞生。编写本书最初的想法有3点：一是选取的名著必须是在管理学发展史上有重大突破的，在管理理论的某个方面有实质性的公认的建树，在管理实践上有较大的和较为持久的影响；二是期望这本书给读者一个基本的轮廓，让读者了解管理学发展的基本脉络、管理学的主要流派及其主要观点、管理学的基本内容以及管理大师们的独特见解；三是便于在各类管理岗位上从事管理实践的人们自学和提高管理学知识之用。

正是基于这样的考虑，本书从浩如烟海的商业管理书籍中遴选出了水平卓越、含义隽永的 24 部经典著作。从泰勒的《科学管理原理》到马斯洛的《动机与人格》，从帕金森的《帕金森定律》到德鲁克的《卓有成效的管理者》，从洛希的《组织结构与设计》到柯林斯的《从优秀到卓越》，既有对大师生平与成就的介绍，又有书的内容简介以及精彩语录。这些都展现出大师们的思想成果，凝聚着大师们学术思想的精华。

这些书影响着世界管理学的发展进程，是世界各国著名管理学家理论精髓的荟萃，是近百年来依托于时代变迁和各国管理实践所作的理论升华。毫不夸张地说，这 24 本书均是 20 世纪以来最经典的管理学著作，每一本书都具有划时代的意义。

真正称得上伟大的管理学著作，往往会在人们掩卷之后，对读者经营、处世乃至人生诸方面产生微妙而深远的影响。有价值的文字，以及它所承载的理念，将历久弥新，恒久传承。在近现代管理学史上，上述经典巨著的光芒无疑是最为耀眼的，它们在管理学领域中的成就和影响，至今都难以逾越。

重温顶尖管理学大师们的光辉思想和经典著作，领悟他们精辟而深邃的智慧，是一个震撼心灵的过程。无论这些大师们的智慧对你来说是常识还是高深的专业知识，它们都是管理上的至理名言，是历史的夜空中时时闪耀的智慧之光，这样的智慧之光指引了我们的过去，指引着我们的现在，也必将指引我们的未来。

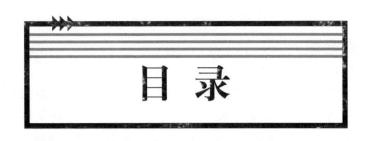

目 录

该书讨论的并不是高级主管要做些什么或应该做些什么，而是为每一位对促进机构有效运转负有行动与决策责任的员工而写的。换言之，是专门为那些可以称之为"管理者"的人而写的。

[美] 弗雷德里克·赫茨伯格　成书：1968 年

《再论如何激励员工》是赫茨伯格最为著名、影响力最大的著作，他的"双因素理论"的提出与"工作丰富化"的开创性研究，奠定了他在管理研究领域的声望。

[美] 杰伊·洛希　成书：1970 年

杰伊·洛希，权变理论学派的著名代表人物，美国哈佛大学人际关系学教授。《组织结构与设计》是洛希最主要的代表作，集中阐述了他和劳伦斯以权变理论为基础的组织结构理论，是权变理论的经典之作。

[美] 彼得·德鲁克　成书：1973 年

本书一经出版，立刻在管理学理论界引起了轰动，是公认的德鲁克所写的最有影响力的一本书，也是经济主义管理学的一部经典之作，更是管理学发展史上的重要文献。

[加拿大] 亨利·明茨伯格　成书：1973 年

亨利·明茨伯格被评论为"管理领域伟大的离经叛道者"，他关于经理工作对组织作用的分析非常有助于职业经理人认清自己的价值。感受明茨伯格的非凡思想，理解管理者的实际工作，从任何角度都可以说，《管理工作的本质》是每一位经理人的必读经典。

罗伯特·布莱克、简·莫顿是美国著名行为科学家和经营学家，有名的"管理方格"理论的提出者。《管理方格》一书出版后长期畅销，印行近 100 万册，对西方的经理阶层和管理学界有较大的影响。该书于 1978 年修订再版，改名为《新管理方格》。

美国资深管理权威彼得·德鲁克曾预言彼得斯的《追求卓越》仅有 18 个月的寿命，但事实上，此后的 20 年都可以说是"彼得斯时代"。《追求卓越》开启了商业管理书籍的第一次革命，成为轰动整个管理学界的经典法则。它不仅是适合信息化时代、全球化时代、知识经济时代的一种新的管理方式，而且也具有很强的可操作性。

作为质量管理的先驱者，戴明学说对国际质量管理理论和方法始终产生着异常重要的影响。《摆脱危机》是他最成熟的管理著作，其主要观点"十四条"成为 20 世纪全面质量管理的重要理论基础。

斯宾塞·约翰逊是许多最畅销书的著作者或合著作者。他与传奇式的管理咨询专家肯·布兰佳合著的这本《一分钟经理人》，自 1982 年第一次出版以来，曾长期高踞《纽约时报》畅销书排行榜第一名的位置，先后被翻译成 27 种文字出版，取得了逾 1500 万册的惊人销量。

这是一本能在竞争日益激烈的世界中使企业兴旺发达的书，是一本有助于管理者和企业负责人在他们的领域内形成更加有效的领导环境的书。

作为欧洲著名管理学权威，查尔斯·汉迪是当今世界上最配称得上管理哲学的人，他以独特的管理理念闻名于世，他的管理理念渗透于伦理道德、宗教、社会、文化等方面。汉迪的书至今仍然是热衷于管理事业的人士的必读书目，《非理性的时代》更是受到许多读者的欢迎。

20 世纪 80 年代到 90 年代初期被管理学家们称之为"企业再造时代"，这一切来源于《企业再造》，这本书又一次显示了管理理论思想的魅力所在。

三位作者作为销售领域的权威人士，其突出贡献在于将实践中的问题、新观念和案例引入到理论中进行了深入的探讨。书中提供了全新的经营战略：不要总是期盼抢到更多的蛋糕，而是要将蛋糕做得更大——合作竞争大未来。很多跨国公司的总裁都对这一经营战略深有同感，并在实际经营中加以采用。

[美] 史蒂芬·柯维　成书：1980 年

史蒂芬·柯维博士被誉为"人类潜能的导师"。其所著的《高效能人士的7个习惯》一经推出就畅销不衰，高踞《纽约时报》最畅销书籍排行榜之首，在全球以32种语言发行过亿册，被评为有史以来最具有影响力的十大管理书籍之一。

扫码获取更多资源

《科学管理原理》

关于作者 ‥‥‥

　　弗雷德里克·温斯洛·泰勒对 20 世纪的工业领域产生过深远的影响，是一位难得的多才多艺的人。然而，他或是不为人所知，或是被当作反面人物。泰勒作为科学管理的创始人，是大批量生产观点的支持者，测量与控制理论的倡导者，一个自认为比其他任何人都更了解和理解生产线生活的富人。

　　弗雷德里克·温斯洛·泰勒（1856 年～1915 年）出生于美国宾夕法尼亚州杰曼顿一个富有的律师家庭。在泰勒的早期教育中，他大量阅读古典著作并掌握了法语和德语。泰勒迷恋科学调查研究和实验，强烈希望遵照事实改进和改革事物。在早期，他对烦琐的工作方法不满，并且发明了一些精巧的器具，这些都为他后期取得成功奠定了基础。泰勒的父母希望他能继承父业当律师，让他到菲力普斯·埃克塞特学院上学，以便进入哈佛大学。泰勒学习刻苦，时常熬夜，这使他的健康受损，因而不得不从哈佛大学法学院辍学，去费城的恩特普利斯液压机厂做了学徒工。在那里，泰勒受到了非常重要的锻炼，他在自我管理、自我控制方面获得深切的体会，为以后的工作打下了较为坚实的基础。

　　3 年的学徒期满以后，22 岁的泰勒来到了米德维尔钢铁厂，做了一名机械工。由于工作努力和表现突出，泰勒很快就从一个普通的技工逐步提升为总技师，并在 1884 年成为总工程师。在这个过程中泰勒深感系统的高等教育的重要性，因而他参加了新泽西州的斯蒂文斯技术学院业余学习班，并于 1883 年毕业，获得该学院的机械工程学位。他在米德维尔工作了 12 年，不断地从事关于管理和技术方面的试验，系统地研究和分析了工人的操作方法和劳动所花费的时间。1890 年泰勒到一家制造纸板的投资公司任总经理，1893 年~1898 年从事工厂的管理咨询工作，1898 年来到宾夕法尼亚的贝瑟利恩钢铁公司做咨询工作，在此期间他同怀特发明了高速工具钢并获得了专利。1901 年以后他开始无偿地做咨询工作，并不断地进行咨询、演讲和撰写管理文章，宣传他的管理主张。1906 年泰勒担任了声誉很高的美国机械工程师协会主席，1915 年病逝，终年 59 岁。他的墓碑上刻着"科学管理之父：弗雷德里克·温斯洛·泰勒"。

泰勒思维活跃，个性坚强，具有强烈的社会责任感。他既不吸烟又不喝酒，甚至把茶和咖啡也看作应避免的刺激品。在泰勒看来，工作就是享乐，而且工作比享乐更有意义。尽管他为人严肃，早期同工人有过争斗，但却充满了对人的同情和幽默感，他的正直赢得了工人的尊敬，而他的热诚也感动了工人。他的一位同事说："如果死人能听到他讲的话，也会充满热情的。"然而可悲的是，他晚年失去了朋友，他的工作遭到了别人的误解，认为他提出的管理方法是用来压制工人的，这对他来说是不公正的。因为从早年到晚年，他极为勤奋的一生都是为工人服务的。

至今，我们仍可以说，科学管理理论或泰勒的整套思想乃至于他的人格，都将为人们所铭记。作为科学管理之父，泰勒的影响无处不在。

关于本书 ·······

提起泰勒，则必然要了解他的代表作《科学管理原理》。《科学管理原理》是一个新的管理时代的标志。

泰勒在这部管理学经典中提出，科学管理的普遍采用会使生产能力普遍地成倍增长，这对整个国家意味着什么呢？这意味着工作时间得以缩短，人们所需要的生活必需品和奢侈品双双增加，教育、文化和娱乐生活的增加，它将为全社会带来最高的收益。

《科学管理原理》所包含的内容十分丰富，它提出科学管理的中心问题是提高劳动生产率，并着重指出了提高劳动生产率的重要性和可能性；为了提高劳动生产率，必须为工作配备"第一流的工人"。泰勒认为，那些能够工作而不想工作的人不能成为第一流的工人，只要工作是合适的，每个人都能成为第一流的工人。而培训工人成为"第一流的工人"则是企业管理者的责任：要使工人掌握标准化的操作方法，使用标准化的工具、机器和材料，并使作业环境标准化。

泰勒认为，标准化操作方法的制定是企业管理的首要职责，同时要制定并实施一种鼓励性的计件工资报酬制度。所谓鼓励性的计件工资报酬制度实际上指的是实行有差别的计件工资制，以此来督促和鼓励工人完成或超过定额。

泰勒同时指出：工人和雇主双方都必须来一次"心理革命"，即工人和雇主两方面都必须认识到提高劳动生产率对双方都有利，劳资双方必须变相互指责、怀疑、对抗为互相信任，共同为提高劳动生产率而努力；建立专门计划层，把计划职能（管理职能）同执行职能（实际操作）分开，变原来的经验工作方法为科学工作方法。把以前由工人承担的工作分成计划职能和执行职能，计划职能归企业管理者，而现场的工人则从事执行职能，即按照计划部门制定的操作方法和指令，使用规定的标准化工具，来代替经验工作方法；实行职能工长制，泰勒认为，为了使工长能够有效地履行职责，必须把管理工作细分，每个工长只承担一种职能，这种思想为以后职能部门的建立和管理专业化打下了基础；在管理控制上实行例外原则，就是说，上级管理人员把一般日常事务授权给下级管理人员去处理，而自己只保留对例外事项的决策和监督权。

《科学管理原理》掀起了一场企业管理变革，引起了当时美国企业界和管理学界的广泛关注，泰勒所倡导的科学管理制度被称为"泰勒制"，激起了人们研究和发展科学管理方法的热情。在管理理论发展史中，这本书被公认为是一个重要的里程碑，它标志着一个全新的管理时代的来临，使得西方 19 世纪末 20 世纪初的早期工厂管理实践向科学管理迈进了一大步。时至今日，泰勒的《科学管理原理》仍被奉为管理人员必读的经典著作。

内容梗概 ·······

本书不仅提出了许多科学管理的思想和方法，而且还阐述了许多管理思想，概括起来，本书可分为 3 大部分：管理思想、管理内容和管理方法。

一、科学管理的基本思想

（一）专业分工思想

泰勒的专业分工思想，主要体现在以下两个方面：

1. 工人的劳动分工

在对工人进行分工时，以工人的体力和智力方面的因素为依据，让他们能够在自己的强项上施展自己的才华，充分发挥出自己的最佳状态，从而达到提高整个企业生产效率的目的。

2. 管理职能的分工

首先，应把管理职能从生产活动中分离出来，使之成为一项专门的工作，并由受过专门训练的人来担任这项工作。其次，对管理人员还要进行职责分工，使每个管理人员都只执行某一项或某几项特定的管理职能，最高管理者只承担企业重大或例外事项的处理，这样能明确责任、提高管理效率。

（二）标准化思想

操作方法、作业量或作业速度以及作业条件等都需要标准化。标准化思想是同最优化思想密切联系的，最优化思想的贯彻为提高生产效率找到了科学的方法，标准化思想的贯彻则是把科学的方法和条件形成管理的要求，从而使之顺利实施。

（三）最优化思想

在标准的生产条件下，寻求一种最优的工作方法，使生产效率达到最优化，这就是在企业生产过程中要达到的最优化。泰勒提出，时间研究的目的在于确定最优的工时定额，动作研究的目的在于寻求一种达到最优工时定额的最优操作方法。他认为将这两项研究运用到生产过程中，就能达到最优的生产效率。

（四）"经济人"思想

所谓"经济人"，是指人的行为动机是为了追求个人的经济利益最大化：老板的欲望是追求最大的利润，工人的欲望则是追求最高的工资。泰勒认为，人的天性是趋向于轻松随便的，普通人（无论从事哪种行业）都趋向于慢慢腾腾、不慌不忙地干活。因此，他主张实行差别计件工资制度，用多劳多得的诱因，来刺激工人提高生产效率。从某种意义上说，他改革作业管理制度的一个直接目的，就是为了消除工人"磨洋工"的现象。

二、科学管理的内容

泰勒科学管理的内容可分为3个方面：作业管理、组织管理和管理哲学。

（一）作业管理

作业管理是泰勒科学管理的基本内容之一，它由一系列的科学方法组成。

1. 制定科学的工作方法

泰勒认为科学管理的中心问题是提高劳动生产率。他在《科学管理原理》一书中指出，人的生产率巨大增长的事实标志着文明国家和不文明国家的区别，标志着人类社会在这一两百年间的巨大进步。科学管理如同节省机器一样，其目的在于提高每一个单位的劳动产量，提高劳动生产率。泰勒认为，科学管理是多种要素的结合。他把知识收集起来加以分析、组合并归类成规律，于是形成了一种科学。

2. 制定培训工人的合理方法

每个人具有不同的潜能，适合不同的工作。为了最大限度地提高劳动生产率，必须挑选合适的人，同时还要最大限度地挖掘他的潜力。要训练员工的技能，教给他们合理的工作方法，通过培训，员工掌握了新的工作方法，更利于提高工作效率。

3. 实行激励性的报酬制度

泰勒对当时的工资制度和管理方式不满意，认为它们不能很好地激发员工的工作积极性。他在1895年提出的计件工资制让员工干得越多，收入越高，员工的积极性提高了，生产效率也得到了很大提高。

另外，泰勒创立了工业工程（IE）学说。这一学说是现代企业管理的法宝。泰勒发明并推广了流水生产线，这一生产模式已被全世界采用。

（二）组织管理

泰勒对组织管理的巨大贡献体现在下面几点：

1. 把计划职能和执行职能分开

这种方式改变了凭经验工作的方法，代之以科学的方法来保证管理任务的完成。

在传统的管理中，由工人自己承担生产中的工作责任，工人则按照自己的习惯和经验进行工作，工作效率由工人自己决定。因为这与工人的熟练程度和个人的心态有关，若要实现最高效率，必须用科学的方法来改变。

要用科学的方法找出标准、将这个标准规范化，并在工作中实行，这就需要专门的人来负责，因为工人是不可能完成这一工作的，他们没有这方面的经验和知识，而且他们会把标准定得非常低。因此，必须把计划职能和执行职能分开。计划职能归管理层，并设立专门的计划部门来承担。

计划部门的主要任务是计划各项工作，并对工人发布命令，表现在：

（1）进行调查研究并以此作为确定定额和操作方法的依据。

（2）制定有科学依据的定额和标准化的操作方法。

（3）拟定计划、发布指令和命令。

（4）把标准和实际情况进行比较，以便进行有效的控制。

在现场工作中，工人或工头从事执行的职能，按照计划部门制定的操作方法的指示，使用规定的标准工具，从事实际操作，不能仅凭自己的经验来工作。泰勒把这种管理方法作为科学管理的基本原则，这也使得管理思想的发展向前迈进了一大步，将分工理论进一步拓展到管理领域。

2. 实行职能工长制

按照职能分工的原理，对管理职能进一步加以划分是泰勒在管理组织方面进行的第二项改革。他按照职能分工的要求，设立8名职能工长，分别是作业程序工长、操作指令工长、成本工长、纪律工长、工作指导工长、速度工长、维修工长、质量检验工长。这8名工长中4名在车间，4名在计划室。

这种职能工长制度，使得每个工长只负责某种职能，管理人员的职能明确，有利于提高效率，并且可以降低成本。

但我们不得不承认，这种管理组织形式违反了统一指挥的原则，容易造成多头管理，引起混乱。在实行职能工长制的条件下，每个职能工长都有权在自己的职责范围内对工人下达指令，这样，每个工人每天可能不只从一个工长那里得到命令，结果必然导致生产指挥上的混乱局面。因此，这种制度在实际中并没有得到推广。然而，泰勒提出的管理职能的分工思想，却是人们公认的正确的管理思想。

3. 例外原则

例外原则，至今仍然是管理原则中极为重要的原则之一。它是指企业的高级管理人员把一般日常事务授权给下属管理人员处理，而自己保留对例外事项（一般也是重要事项）的决策权和控制权。

泰勒认为，那些经过压缩、总结，而且是对照性的，但包括管理上的一切要素在内的报告是经理们应该接受的。这样的话，只需短短几分钟，经理就可以对事态有个全面的了解，腾出时间来考虑更为重要的事情。

实行例外原则，企业管理人员就可以摆脱日常琐碎事务的困扰，而将精力集中于企业的重大决策。其结果，便形成企业管理者的不同阶层之间的分工：

（1）企业的大政方针由企业的最高管理阶层负责处理。

（2）企业的日常事务由企业的计划部门和各个职能管理人员负责处理。

职能工长制的建立，好比是企业管理职能的横向分工，而例外原则就是企业管理职能的纵向分工。把管理的横向与纵向两个方面的职能分工结合起来，便形成了企业内部管理职能分工的完整体系。

（三）管理哲学

与其说科学管理是一些原理和原则组成的管理理论，不如说是一种使人们对管理实践重新审视的管理哲学。

泰勒宣称："科学管理在实质上包含着要求在任何一个具体机构或工业中工作的工人进行一场全面心理革命——要求他们在对待工作、同伴和雇主的义务上进行一种全面的心理革命。此外，科学管理也要求管理部门的人——工长、监工、老板、董事会——进行一场全面的心理革命，要求他们在对管理部门的同事、对他们的工人和所有日常问题的责任上进行一场全面的心理革命。没有双方的这种全面的心理革命，科学管理就不能存在。"这正是泰勒科学管理的精神内涵，也是泰勒的管理哲学。

科学管理实际上是一种转变人性的管理，是将人从传统的小农意识思想转变为现代的社会化大生产的思想意识。这是一场革命，泰勒充分认识到这场革命的艰巨性，他说："只有通过强制性的标准化方法，强制采用最好的工具和工作条件，强制性的合作，才能保证快速地工作，而强行采用标准和强行合作的责任能就落在管理者的身上……管理者必须认识到，广泛的事实是，如果工人不能从这种做法中获得额外的报酬，他们是不会顺从于这种更为死板的标准，他们不会额外地勤奋地工作的。"

泰勒的科学管理思想在管理哲学上的突破是全面的和划时代的。因为管理是以管理哲学为指导的，管理哲学是管理的世界观、认识论和方法论，是从思维和存在的角度对管理的本质和发展规律的哲学概括。而科学管理恰恰是在管理的世界观、认识论和方法论上对管理进行的总结和变革。泰勒不仅是管理学上的集大成者，而且是一位管理哲学大师。正如美国管理学家德鲁克所说："科学管理是一种关于工人和工作系统的哲学，总的来说它可能是自联邦主义以后，美国对西方思想做出的最特殊的贡献。"

三、科学管理的方法

泰勒针对当时美国企业所存在的问题，提出了许多管理措施和管理方法，主要内容如下。

（一）普遍推行定额管理

经验管理是当时美国的企业中普遍使用的手段，资本家不知道工人一天到底能干多少活，却总嫌工人干活少、拿钱多，于是就延长劳动时间、增加劳动强度；而工人也总是想少干活多拿工资。针对资本家提出加大劳动强度的要求，工人采取"磨洋工"的方式消极对抗。这样下来，劳动生产率当然很低。泰勒是由普通工人提升上来的管理人员，所以对上述情况了如指掌，于是他就把制定定额、实行定额管理作为企业科学管理的首要措施。

通过各种实验和测量，进行劳动动作研究和工作研究，确定工人"合理的日工作量"，即劳动定额。根据定额完成情况，实行差别计件工资制，使工人劳动量与工资紧密联系。这项措施优化了管理，也提高了效率。

（二）实行差别计件工资制

通过长时间的调查和研究，泰勒提出了差别计件工资制的方案，主要包括以下 3 部分的内容：

1. 设立专门的制定定额部门

设立专门的制定定额部门，运用科学的方法，制定合理的劳动定额和恰当的工资率。

2. 制定差别工资率

采用这种差别工资制度，就是按照工人是否完成定额而采用不同的工资率。如果工人达到或超过定额，就按高的工资率支付报酬，即为正常工资的125%，以资鼓励；如果工人没有达到定额，就按低的工资率支付，为正常的80%。这样，就能形成多劳多得、少劳少得的企业文化，提高工人的积极性。

3. 根据实际贡献支付工资

工资的支付对象是工人，而不是职位和工种，也就是说，工人的工资是按照他的实际贡献来确定的，而不是根据他所处的岗位来计算的。

　　尽可能地按每个人的技能和所付出的劳动，而不是按他的职位来计算工资可以鼓励每个人的上进心。要对每个人在出勤率、工作效率、技能及工作质量等方面做出系统的记录，然后根据这些记录不断调整他的工资。

　　当工人们觉得自己受到的待遇是公正的时候，就会变得坦率和诚实，也会更加愉快地工作。这样，工人和雇主之间就会建立起融洽的关系，有利于提高工作效率。实践证明，差别计件工资制，对提高工人的积极性的效果是显著的。

　　（三）实行工具标准化和操作标准化

　　在经验管理时代，使用什么样的工具进行劳动并没有统一的标准，全凭经验摸索。泰勒认为，在科学管理的情况下，个人经验必须由科学知识所替代，一个很重要的措施就是实施工具标准化、操作标准化、劳动动作标准化、劳动环境标准化等标准化管理。管理人员的任务就是要对以往的经验做总结，将它们概括为一定的标准，然后将这些标准在工厂中推行。只有使用标准化，才能使工人劳动更有积极性，更加合理地衡量他们的劳动成果。

　　泰勒不仅提出了实行各种标准化的主张，而且也为标准化的制定做出了重要的贡献，提供了科学的依据。

　　（四）将计划职能和执行职能分开

　　泰勒认为，在旧体制下，工人凭他们的经验来劳动，新体制要求工人要按照合理的标准来劳动，这就需要有一个人事先做好计划，让工人来执行。为此，泰勒提出了"划分资方和工人之间的工作和职责"，提出计划和执行分开的原则，在企业中设立专门的计划机构。至少在一天前工人每天的工作就已经被设计好了；大多数情况下，工人会收到书面指示，其中包括他的任务和工作方式。工人只要按照计划执行就行了。

　　除了提出将计划与职能分开外，泰勒还提出必须废除当时企业中军队式的组织，代之以职能式的组织，实行职能管理。在这种组织中，管理者的职能明确，有利于发挥个人专长，但这种结构容易造成多头领导，引起混乱。

泰勒提出的这些管理思想和管理方法，有着深刻的内涵。20 世纪以来，泰勒思想与组织设计一直结合在一起，其原理一直被广泛应用。这些思想在当时十分新颖，福特公司首先应用于实践中，成就了以后的福特汽车王国。

（五）挑选一流的工人

在企业的人事管理方面，泰勒提出了一条极为重要的原则："挑选一流的员工。"人具有不同的天赋和才能，只要工作合适，都能成为第一流的工人。"第一流的工人"，指的是那些体力或智力适合于自己的工作，并且愿意做、肯做的人。挑选第一流工人，就要把合适的人安排到合适的岗位上，只有做到这一点，才能充分发挥每个人的潜能，提高劳动生产率。

在培训第一流工人的过程中，管理人员的主要责任是：

1. 研究每一个工人的性格、脾气和工作表现，找出他们的特长。

2. 预测每一个工人向前发展的可能性，并且对他们进行训练和指导，为他们提供发展的机会。这样，就能使工人在公司里从事最有兴趣、最有利、最适合自己的工作。这种科学地选择与培训工人并不是一次性的，而是在日常工作中逐步进行的，需要管理人员与工人多接触、多了解。

精 彩 语 录

（1）科学管理超过积极性加刺激性管理的第一个优点是能不断地得到工人的主动性——工人们的勤奋工作、诚意和才能；而在采用最好的旧式管理方法时，只能偶然地不大经意地得到工人们的积极性。

（2）不论何时、在何种机构，不论工厂是大还是小，不论工作是最简单的还是最复杂的，正确地运用科学管理的 4 个原理，都将取得效果。不但比旧式管理所能得到的效果大，而且要大得多。

（3）能够获得工人们的积极性只是科学管理优于旧式管理方式的两个理由中比较次要的一个。科学管理的更大的优点是企业中巨大的、非常繁重的新责任与负担，都是由管理方面自觉承担起来的。

（4）有人对使用"科学"这个词，提出尖锐的反对，我觉得可笑的是，这些反对者的大多数，是来自我们这个国家的教授们。他们对随便使用这个词——甚至用在日常生活琐事中，表示十分反感。

（5）我不希望你们认为我在科学制度下是从来不发生争论的，是有争论的，但……我们认为可公正地、忠实地表明，科学管理的常规特征是协调而不是不和。

推荐阅读

《动作研究》一书是机械师弗兰克·吉尔布雷斯和他的妻子、心理学家莉莲·吉尔布雷斯于1911年出版的著作，集中反映了他们的研究成果。吉尔布雷斯夫妇以进行"动作研究"而著称，他们为提高效率的动作研究比泰勒的研究更为细致和广泛。

《经理人员的职能》

关于作者 ·······

　　1886 年在管理学上是一个特殊的年份。这一年，美国的机械工程师学会召开了芝加哥年会。在这次年会上，亨利.R.汤提交了《作为经济学家的工程师》一文，首次提出应当把技术问题和管理问题结合起来研究，因而有些学者认为，1886 年是管理学诞生的标志年。正是在这一年，切斯特·巴纳德出生于美国马萨诸塞州的一个普通工人家庭。

　　巴纳德（1886 年～1961 年）天生就有身体缺陷，而且高度近视，因而，他不能参与美国人热衷的棒球，甚至也很少参与运动量并不剧烈的高尔夫球。他 5 岁丧母，这使他养成了独立、矜持、与集体活动保持距离的习惯。他的最大爱好就是看书，哲学式的抽象思辨使他着迷，这对他后来的职业生涯有着重大影响。他的消遣和业余爱好是音乐，这使他后来在钢琴上获得了非凡的造诣。有些研究者认为，巴纳德在青少年阶段是一个典型的个人主义者，甚至有些自闭倾向。尽管他后来在美国电话电报公司感受到了组织的巨大威力，思想也发生了很大变化，但少年时期的习惯，还是时不时地表现出来。巴纳德早年就读于蒙特赫蒙学院，1906 年～1909 年在哈佛大学读完全部经济学课程，因缺少实验学科的学分而未获得学位，后来却由于他在研究企业组织的性质和理论方面做出了杰出的贡献，而得到了 7 个荣誉博士学位。巴纳德是一位杰出的管理实践者，他毕生从事企业管理工作，自 1909 年开始进入美国电话电报公司工作，1927 年起担任新泽西贝尔电话公司总经理，一直到退休。《财富》杂志称其为"美国最有才智的企业总裁"。

巴纳德不仅是一位优秀的企业管理者，他还是一位出色的钢琴演奏家和社会活动家。他曾经担任过巴赫音乐学会的主席；帮助美国原子能委员会制定政策；在 20 世纪 30 年代大萧条时期担任新泽西州减灾委员会总监；1942 年创立了联合服务组织公司并出任总裁；1948 年～1952 年担任美国洛克菲勒基金会董事长。巴纳德在漫长的工作实践中，不仅积累了丰富的经营管理经验，而且还广泛地学习了社会科学的各个分支。

1938 年，巴纳德出版了著名的《经理人员的职能》一书，此书被誉为美国现代管理科学的经典之作。1948 年，巴纳德又出版了另一重要的管理学著作《组织与管理》。巴纳德的著作为建立和发展现代管理学做出了重要贡献，巴纳德因此成为社会系统学派的创始人。除了以上两本经典著作外，巴纳德还写过许多论文和报告，如《经理人员能力的培养》、《人事关系中的某些原则和基本考察》、《工业关系中高层经理人员的责任》、《集体协作》、《领导和法律》等。

巴纳德是一个管理理论家，同时又是一个成功的商业人士。对于这位西方现代管理理论中社会系统学派的创始人，管理学界一致认为：巴纳德关于组织理论的探讨，至今无人能超越，西方管理学界称他是现代管理理论的奠基人。后来的许多学者如德鲁克、孔茨、明茨伯格、西蒙、利克特等人都受益于巴纳德，并在不同方向上有所发展。对于经理人员，尤其是希望将一个传统的组织改造为现代组织的经理人员来说，巴纳德的价值尤其突出。

巴纳德在漫长的工作经历中积累了丰富的经营管理经验，他深入分析了现代管理的特点，写出了许多重要著作。其中最著名的是 1938 年出版的《经理人员的职能》，被誉为"美国现代管理科学的经典著作"，是其毕生从事企业管理工作的经验总结。此书显示出当时的时代特征，十分精确地触动了现代管理学思想的中心，被誉为管理思想的丰碑。

关于本书 •••••••

　　《经理人员的职能》是巴纳德关于管理问题的演讲集。以今天的眼光来看,该书语言陈腐,行文过于华丽,但其内涵确实很丰富。巴纳德的同代人林达尔·厄威克说:"自泰勒出版《科学管理原理》以来,恐怕还没有哪一部著作如此显著地影响了认真的企业领导人对自己的工作性质的看法。"

　　当巴纳德以组织的最高管理人员身份任职时,他对描述组织的活动、描述组织有关人员之间的社会关系和私人关系一直有着浓厚的兴趣,他的经历为他著述《经理人员的职能》一书做了充分的准备。

　　《经理人员的职能》一书中将社会学概念应用于分析经理人员的职能和工作过程,并把研究重点放在组织结构的逻辑分析上,提出了一套协作和组织的理论。因为传统的组织偏重于非正式组织和非结构化的决策与沟通机制,目标也是隐含的,要将其改造为现代组织,就必须明确组织的目标、权力结构和决策机制,明确组织的动力结构即激励机制,明确组织内部的信息沟通机制。这3个方面是现代组织的柱石。在转变的过程中,同时需要充分考虑利用非正式组织的力量。

　　事实上,《经理人员的职能》中许多观点都在现代管理中得到应用。例如,巴纳德非常注意企业内部沟通的重要性。他告诫道,应当让每一个人都了解企业内部都有哪些沟通渠道和如何利用这些渠道,只有这样,全体人员才会统一在一个共同的目标之下。他还进一步要求沟通渠道应当是直接和方便的。"最基本的职能是,首先,提供一个沟通系统;其次,推动和改进基本工作;最后,形成和定义企业的目标。"

　　巴纳德认为,总经理的形象不应该是一味关注于简单的短期目标的独裁者。总经理应当下功夫研究企业的价值观和未来的目标。但巴纳德还强调说,应当把价值观和未来的目标转化为行动而不是满足于唱高调。"严格地说,企业的目标是根据你的整体措施而获得其定义的,而不是其他任何书面形式。"

　　这一思想在彼得斯和沃特曼那里得到了回应,在他们两人合著的《追求卓越》一书中，他们讲道，《经理人员的职能》"可以称得上是一套完整的管理理论"。哈佛大学的肯尼思·安德鲁斯同样注意到巴纳德思想的广泛性，在他为庆祝《经理的职能》出版30周年的再版书所写的导言中有这样的句子："巴纳德的目标是远大的。正如他本人在该书前言中所说的，他的首要目标就是提供一个正规组织内合作行为的全面理论。当个人意识到仅凭自己的力量无法达到目标时，合作就产生了。"

《经理人员的职能》一书内容异常丰富，其主要内容还包括了对组织中的个人的描述：一个协作系统是由相互协作的许多人组成的。个人可以对是否参与某一协作系统做出选择，选择的依据取决于个人的动机，包括目标、愿望和推动力，正式组织则通过其影响和控制的职能来有意识地协调和改变个人的行为和动机。把正式组织的要求同个人的需要结合起来，这在管理思想上是一个重大突破。

内容梗概 ·······

一、组织的 3 个普遍要素

巴纳德非常重视组织的作用。他给正式组织的定义是：两个以上的人自觉协作的活动或力量所组成的一个体系。这个定义适用于军事、宗教、学术、企业等多种类型的组织。巴纳德认为通过对正式组织进行考察，可以达到 3 个基本目标：

（1）在一个经常变动的环境中，通过对一个组织内部物质、生物、社会等各种因素的复杂性质的平衡来保证组织的生存和发展。

（2）检验必须适应各种外部力量。

（3）对管理和控制正式组织的各级经理人员的职能予以分析。

应当着重指出的是，巴纳德在 20 世纪 30 年代末期提出的关于一个组织的生存和发展有赖于组织内部平衡和外部适应的思想是具有独创性的。

在巴纳德笔下，组织是一个具有广泛含义的定义，它适用于各种形式的组织。各种组织之间的差异仅在于物质环境和社会环境的不同，以及人员的数量和构成不同等。每个组织都是一个系统，都应作为一个整体来对待，因为其中每一部分都同其他部分相联系。巴纳德认为，不论是哪一个类型的系统，全都包含着3种普遍的要素，即协作的意愿、共同的目标和信息交流。

（一）协作的意愿

协作的意愿是所有组织不可缺少的第一项要素，它包括自我克制、交付出个人行为的控制权以及个人行为的非个人化。组织是由人组成的，但真正组成一个协作系统的组织的，不是人，而是人的服务、动作、活动和影响，所以人们向协作系统提供劳务的意愿是必不可少的。对于个人来说，协作意愿就是个人愿意或者不愿意参加这一系统的综合结果；对于组织来说，是它"提供的客观诱因和所加负担"的综合结果，因为个人选择某一系统而放弃其他的系统，就是做出了一些牺牲，组织必须提供适当的诱因来弥补个人的这种牺牲，即提供客观的刺激和通过说服来改变个人的主观态度。客观的刺激可以是物质的（如金钱），也可以是非物质的（如地位、权力等），还可以是社会性的（如和谐的环境、参与决策等）；通过说服来改变个人态度是一种主观的刺激方法，它通过教导、例子、建议等来制约个人的动机。同时，用来培育协作精神的不是靠强制，而是通过思想上的反复灌输，即号召忠诚、团结精神和对组织目标的信仰等。

（二）共同目标

共同目标作为达成意愿协作的必要条件，是协作系统的第二个要素。如果组织成员对组织要求他们做什么，成功以后他们会得到什么样的回报没有明确的答案，就不可能诱导出协作的意愿来，更不会有好的协作效果。

组织成员对组织共同目标的理解，分为协作性理解和个人性理解两种。协作性理解，是指组织成员脱离了个人立场，站在组织整体利益的立场上，客观地理解组织的共同目标。个人性理解正好与此相反，是指组织成员站在个人立场上，主观地理解组织的共同目标。

在实际工作中，这两种理解常常会发生矛盾。当组织的目标比较简单、具体时，发生矛盾的机会较小；反之，则较大。所以，克服组织目标和个人目标的背离，以克服对共同目标的协作性理解和个人性理解之间的矛盾，是组织中经理人员的重要任务。

巴纳德还指出，组织目标是整个组织存在的灵魂，也是组织奋斗的方向。但是组织的共同目标不是一成不变的，它应当随着组织规模的变化、人员的变化、外界环境的变化和发展而随时调整。另外，组织目标能否实现与组织目标制定的好坏有直接的关系。

经理人员在制定组织目标时，应当使之具备综合性、总体性、清晰性、可分性和层次性等特点。确定组织目标时应遵循灵活性与一致性结合的原则，既要保证目标实现的可能性，又要使目标具有一定的挑战性。

（三）信息交流

信息是协作系统的第三个要素，它使前两个要素得以动态地结合。所有活动都以信息交流为依据，个人协作意愿和组织共同目标，只有通过信息沟通才能联系和统一起来，内部信息交流是实现组织目标的基础。

巴纳德认为，决定信息交流系统的因素主要有：

（1）信息交流的渠道要为组织成员明确了解。

（2）组织的每一个成员都有一个明确的、正式的信息交流渠道，即每一个成员必须向某个人做报告或从属于某人。

（3）信息交流的渠道必须尽可能地直接或简洁。

信息交流和信息传递的方式有多种，如可分为正式和非正式、书面与口头等。很多情况下，信息往往要经过若干环节才能到达最终需要者手中，在这个传递的过程中，不管是有意还是无意，都可能会产生信息的失真和误导。管理者必须采用各种手段纠正信息失真，譬如让信息表达得清楚明了、缩短信息传递路线、采用先进的科学技术等。

（4）在实践中，如果在传递过程中跳过某些层次，就可能产生互相冲突的信息，同时也不利于维护每一层次的权威和职责。所以，在信息传递时，应利用完整的信息交流路线的每一个层次。

（5）作为信息联系中心的各级管理人员必须称职。这就要求管理人员具备相关技术、人事和非正式组织方面的能力，了解辅助机构的性质和状况，掌握同目标有关的行动原则，对环境因素做出解释，以及区别信息是否具有权威性。

（6）当组织在执行职能时，信息交流的路线不能中断。许多组织在任职者不能行使职权或缺勤时，都规定自动的临时代理职务的办法。

（7）每一个信息都必须具有权威性，这就要求从事信息交流的人必须是公认的实际上占据着有关"权力位置"的人；这个位置发出在其权限范围之内的信息；这个信息是由更上一层机构授权才发出的。在这方面，职务具有十分重要的作用。

二、经理人员的主要职能

巴纳德将非正式组织定义为不属于正式组织的一部分，且不与它管辖的个人以及有关的人们、集团接触和相互作用。非正式组织没有正式的结构，而且常常不能明确认识到共同的目的。它的习惯、规范和情感因素，是通过同工作有关的接触而产生的。巴纳德认为，非正式组织可能对正式组织产生某些不利的影响，但它对于正式组织至少起着 3 种积极作用：第一，信息交流；第二，通过对协作意愿的调节，维持正式组织内部的团结；第三，维护个人品德和个人的自尊心。非正式组织常常为正式组织创造条件，成为正式组织不可缺少的部分，其活动能使正式组织更有效率。

巴纳德认为，经理人员在组织中的作用，就是信息沟通系统中相互联系的中心，并通过信息沟通来协调组织成员的协作活动，以保证组织的正常运转，实现组织的共同目标。据此，他认为经理人员的主要职能有以下几个方面：

（一）建立和维持一个信息交流畅通的系统

要达到这样一个目的，经理人员必须规定组织的任务，阐明权力和责任的界限，并考虑到信息联络的正式手段和非正式手段两个方面。非正式手段的信息交流可以提出和讨论问题，而不必做出决定和加重经理人员的工作，可以使不利影响减低到最低程度并强化符合组织目标的有利影响，所以有助于维持组织的运转。

（二）从组织成员那里获得必要的服务

要从组织成员那里获得必要的帮助，组织需要招募和选拔能最好的做出贡献并协调地进行工作的人员，以及采用巴纳德称之为"维持"的各种手段，如士气的维持，诱因的维持，监督、控制、检查、教育、训练等因素的维持，以此来维持协作系统的生命力。

（三）规定组织的目标

巴纳德认为决策和授权也是很重要的职能。授权是一种决策，这种决策包括所追求的目标和达到这些目标的手段两者在内。其结果是在协作系统内部对各种不同的权力和责任加以安排，以使组织的成员知道他们怎样为所追求的目标做出贡献。至于决策本身，则包括两个方面：分析和综合。分析是寻找能使组织目标得以实现的战略因素，而综合则是认识到组成一个完整系统的各个要素或部分之间的相互关系。

在巴纳德看来，管理的艺术就是把内部平衡和外部适应和谐地综合起来。各级组织都是社会这个大协作系统的某个部分和方面，每一个组织必须符合一定条件才能生存。

三、经理人员的权威

就经理人员的权威问题，巴纳德在书中进行了详细的论述。他强调指出，经理人员作为企业组织的领导核心，必须具有权威。什么是权威？他认为，权威存在于组织之中。换句话说，权威是存在于正式组织内部的一种"秩序"，一种信息交流的对话系统。如果经理人员发出的指示得到执行，在执行人的身上就体现了权威的建立，违抗指示则说明他否定这种权威。据此，指示是否具有权威性，检验的标准是接受指示的人，而不是发布指示的经理人员。一些人之所以失败，是因为他们不能在组织内部建立起这种体现权威的"秩序"。当多数人感到指示不利于或有悖于他们的个人利益，从而撤回他们的支持时，权威也就不存在了。

巴纳德接着指出，命令是否具有权威，取决于它是否满足了以下4项条件：

（1）使接受命令者理解该项命令，不能被理解的命令是不会有权威的。

（2）使接受命令者相信该项命令同组织目的没有矛盾，否则，他就不能接受。

（3）使接受命令者相信该项命令同个人利益没有矛盾，否则，他就不能服从，而会采取回避态度。

（4）接受命令者必须在精神上和体力上具备执行该项命令的能力，否则，他也要违背命令。

因此，组织的管理人员必须慎重地运用权威，使发出的命令具备上述4项条件。

我们知道，权威的决定因素存在于被领导者之中，而决定被领导者服从权威的条件，又由以下因素决定：

（1）组织发布的命令符合上述4项条件。

（2）每个人都存在一个"中性区域"，在这个区域的界限之内，乐于接受命令，而不大过问命令的权威性。

（3）大多数关心组织命运的人的态度会影响少数个人的态度，这有助于维护"中性区域"的稳定性。

至于什么是"中性区域"，可以做如下解释：假如把所有的命令按接受人接受的程度排列，其中有一部分是明显不能被接受的，也就是不会被服从的命令。另一部分处于中间状态，可能被接受，也可能不被接受。第三部分则是毫无疑问地会被接受的。这最后一部分就是所谓的"中性区域"。"中性区域"的范围，取决于对个人的利诱和物质刺激超过他所做出的努力和牺牲的程度。一味要求个人做出贡献，而不考虑给予相应的报酬，最终会使乐于接受命令的范围越来越小。

巴纳德认为，权威的主观方面固然重要，但经理人员更关心的还是权威的客观方面，即他的指示得到执行和被服从的实际情况。"上级"本身并不等于权威，严格地说，只有当"上级"能代表组织的意志或组织的行动时，才具有权威，即只有当一个人作为正式组织的（官方）"代表"进行活动的时候，他才具有权威并能发挥相应的作用，这就是前面所说的"权威存在于组织之中"。值得一提的是，一个组织发布的指令只对本组织的成员发生效用，对于组织以外的人毫无作用，就像一个国家的法律只对本国公民具有效力一样。

权威的树立是一件不易的事，而权威的丧失却在一瞬间。如果上述职位权威暴露出无能、无视客观条件而滥发指令，或者"领袖权威"忽视群众的意志，权威就会丧失。因此，要维护这种权威，身处领导地位的人必须随时掌握准确的信息，做出正确的判断。要建立与维护一种既能树立上级威信，又能争取广大"中性区域"群众的客观权威，要做好这些工作，关键在于能否在组织的内部建立起上情下达、下情上传的有效的信息交流沟通系统。这一系统既能保证上级及时掌握情况，获得作为决策基础的准确信息，又能保证指令的顺利下达和执行。要做到这一点，经理人员必须具有相应的能力。只有这样，才能保证组织权威不被削弱。

因此，权威的树立既有赖于组织内部成员的合作态度，更有赖于组织内部能否建立起行之有效的信息交流系统。没有这样一种系统，组织成员的支持和合作是不可能持久的。如果这样一种系统运转不灵活，前后矛盾，错误百出，使组织内部成员无所适从，那么，过不了多久，即使对组织最忠诚的人也会从组织中脱离出去。

因此，这样一种信息交流系统的建立和维护，是一个组织存在与发展的首要条件，其后才谈得上组织的有效性和高效率，这些都是一个组织存在的基本因素。用学术的语言来说，上述这种信息交流系统，叫作"权威的脉络"。

巴纳德就决定信息交流系统的主要因素进行了探讨。

（1）明确地宣布这种信息交流渠道，做到人人知晓。换句话说，应该尽可能明确地建立起"权威的脉络"。做到这一点的办法有：及时公布官方的一切任命；明确个人的岗位责任；明确宣布组织机构的设置和调整；进行说服教育等。

（2）把组织内部的每一个人都置于这种信息交流系统之中，换言之，"每个人必须向某个人做出报告"（这是组成信息交流系统的一个方面），"每个人必须在某个人的领导之下"（这是组成信息交流系统的另一方面），缺一不可。即在组织内部，必须建立起个人与组织之间的明确关系。

（3）良好的信息交流的路线越直接、层次越少、距离和时间越短越好。这就是说，所有指令（书面的或口头的）应该见诸文字，内容简明扼要，避免任何误会。指令在传达过程中不走样的前提条件是尽量减少层次。

组织内部层次越少，指令下达越直接、越快，差错也就越少。层次问题的重要性是显而易见的。

（4）注意信息交流系统的完整性。要确保首脑的指令逐级传达，人人皆知，防止"串线"或越级。

（5）组织的首脑机关或总部的工作人员必须有能力胜任自己的职务。组织越大，首脑机关越集中，对工作人员的要求也越高。这是因为，首脑机关的首要任务是把收到的有关外部条件、业务进度、成功、失败、困难、危机的大量信息，经过综合分析和研究，演变为新的业务指令和部署。这就要求其工作人员熟练地掌握各种现代化的技术手段，而且灵活的应变能力也是不可少的。

（6）确保信息交流系统在组织运行过程中不出现中断或停顿现象。很多组织（工厂、商店）都是间歇性或周期性进行工作，晚间、星期日、节假日中断活动，但军队、警察、铁路、电讯等部门，则从不中断活动。一个大型企业集团在进行活动时，应确保其"权威的脉络"像铁路、电讯等部门一样，畅通无阻，永不间断。

（7）每一项指令必须具有相应的权威性。这就是说，发布指令的人必须是享有"职位权威"的人，其所发布的指令应该符合他的身份和地位，在他的职权范围之内。

在巴纳德看来，上述各项原则，对于大型组织（企业集团）建立客观权威至关重要。至于大型组织的下属机构，情况就要简单得多，因为在下属机构里，信息交流系统直接，"权威的脉络"分明。

精 彩 语 录

（1）一个协作系统是由许多个人组成的。但个人只有在一定的相互作用的社会关系之下，同其他人协作才能发挥作用。个人对于是否参加某一协作系统（即组织）可以做出选择。他们的这种选择是以个人的目标、愿望、推动力为依据的。

（2）每一个正式的组织都有一个既定的目标。当这个组织系统协作很成功时，它的目标就能够实现。这时，这个协作系统是有"效力"的。反之，如果这个组织的目标没有实现，其协作系统一定存在毛病，行将崩溃或瓦解。所以，系统的"效力"是系统存在的必要条件。系统的"效率"是指系统成员个人目标的完成程度。

（3）经理人员必须规定组织的任务，阐明权力和责任的界限，并考虑到信息联络的正式手段和非正式手段两个方面。

（4）权威存在于组织之中。权威是存在于正式组织内部的一种"秩序"，一种信息交流的对话系统。如果经理人员发出的指示得到执行，在执行人的身上就体现了权威的建立，违抗指示则说明他否定这种权威。据此，指示是否具有权威性，检验的标准是接受指示的人，而不是发布指示的经理人员。

（5）一个命令是否有权威决定于接受命令的人，而不决定于"权威者"或发令的人。

（6）决策的艺术在于：对现在还不适当的问题不做决策，时机不成熟时不做决策，对不能有效地实行的事不做决策，对应该由别人来决定的事不做决策。

推荐阅读

《组织与管理》是巴纳德的另一部重要著作。在《组织与管理》一书中，巴纳德再次突出强调了经理人员在企业组织与管理中的重要领导作用，从5个方面精辟地论述了"领导的性质"这一关系到企业生存和发展的根本性问题。主要内容包括：构成领导行为的4个要素——确定目标、运用手段、控制组织、进行协调；领导人的条件；领导人的品质；领导人的培养和训练；领导人的选拔。

《动机与人格》

关于作者 •••••••

亚伯拉罕·哈罗德·马斯洛（1908年～1970年），美国当代著名心理学家，人本主义心理学主要创始人之一，哲学博士、教授，曾任美国人格与社会心理学会主席和1967年的美国心理学会主席。

1908年4月1日马斯洛生于美国纽约市布鲁克林区，他的父母是从苏联移居美国的犹太人。

1926年马斯洛入康乃尔大学，两年后又转学到威斯康星大学，并于1930年获学士学位，次年获硕士学位。1934年，在著名的实验心理学家哈利·哈洛的指导下，马斯洛完成了题为"关于猴群中支配地位的建立"的博士论文，而被授予哲学博士学位。在论文中，马斯洛认为支配似乎源于一种"内在自信心"或"优越感"，而不是通过肉体攻击取得的。获得博士学位后，马斯洛重返纽约，以卡耐基学会会员的资格到哥伦比亚大学工作，后又到布鲁克林学院，直至1951年。这期间，他把有关支配研究推广到对人类支配问题的研究上来，他发现具有强支配型的个体总是倾向于创新、很少遵奉宗教和具有外倾型性格，他们也不易焦虑、不易妒忌或患神经症。从研究对象上看，马斯洛最初关注的是健康的、卓越的、占据支配地位的典型人物。在二战期间无数思想家逃往美国之际，马斯洛也相应地把研究对象转到杰出人物上来，并因深深钦佩人类学家本尼迪克特和惠特海默，而立志于个体自我实现方面的研究。

1951 年～1969 年，马斯洛在布兰迪斯大学工作，全身心研究心理最健康的个体。这期间，他曾任布兰迪斯大学心理系教授兼主任，并成了美国人本主义心理学运动的领导者，担任美国心理学会 1967 年～1968 年度的主席。1970 年 7 月 8 日，马斯洛因心脏病猝发与世长辞，享年 62 岁。

马斯洛的主要著作有：《动机与人格》（1954 年）、《存在心理学探索》（1962 年）、《科学心理学》（1967 年）、《人性能达的境界》（遗作）等。

马斯洛是世界闻名的心理学家，他的人本主义心理学理论在西方、苏联及我国引起很大反响，并在教育、工业、组织管理等领域得到实际应用。

关于本书 ·······

《动机与人格》由纽约哈珀和罗公司于 1954 年首次出版，1957 年第二次出版。中译本由许金声等人根据第二版译成，1987 年 11 月由华夏出版社作为"二十世纪文库"第一版图书得以出版，全书共 441 页，35.6 万字。

《动机与人格》是马斯洛的开山之作，标志着人本主义心理学理论体系的形成，同时也是其伦理思想的主要代表作。该书以人本主义和整体论的科学观为方法论，以性善论作为理论前提，建构了以需求层次论、自我实现论为支柱的理论大厦，为我们提供了一种虽然不尽完善，却洋溢着理想精神的乐观主义的人性化心理学和伦理学。

1954 年出版的《动机与人格》旨在传统心理学派别的基础上有所建树，通过深入探索人性的"高级"层次，来扩展我们对于人格的理解，建立起一个新的心理学派。在 1957 年的修订本中，收入了大量的新的研究成果，对初版进行了全面的实质性的增补和修订，以期建立一种范围极广的世界观。

作者总结了 16 年的研究成果，并对其进行了整体的、动态的和文化的整合，从而提出一种多重动机和多层次需求的学说。作者认为，任何动机均由多种因素组成，并不是单一的，满足了某一需求之后，立即会产生新的动机。每种动机又都有深层的原因，这种原因往往是无意识的。心理学要研究健康的人，以致最后达到自我实现的人。完备的自我实现者，虽属少数，但毕竟存在。这种人超越国界，是道德情操最高的人，一般人达不到如此高级的水平，但只要顺应人性的需要层次发展，大体上能成为健康人。神经官能症患者就是因为他的自我实现通路堵塞了。

他呼吁要进行社会改革和变革，他说，这种完整的人生哲学是新的时代精神的一个侧面，它可以应用于人类知识的全部领域，人类工作的一切行业和社会、教育、法律的一切机构。评论家认为，这部著作有他一贯的乐观主义，信赖未来的人性和真正价值；它的缺点是主观唯心论，甚至连作者也承认关于完善的自我实现理论近于乌托邦。

内容梗概 •••••••

本书一般被认为是马斯洛的奠基之作，在这本著作中，他的一些主要思想都已形成，其中包括影响极大的"需求层次论"和"自我实现论"。

一、人本主义心理学的思想方法

马斯洛认为，一种综合性的行为理论必须既包括行为内在的、固有的决定因素，又包括外在的、环境的决定因素。弗洛伊德学说只注重第一点，而行为主义理论只注重第二点，这两种观点需要结合在一起。仅仅客观地研究人的行为是不够的，要有完整的认识必须研究人的主观，必须考虑人的情感、欲望、需求和理想，从而理解他们的行为。马斯洛强调在心理学研究中要采用整体论方法，应该把人作为一个整体、一个系统来研究。既然每个部分与其他部分都紧密相关，那么除非研究整体，否则答案将是片面的。大多数行为科学家都企图分出独立的驱动力、冲动和本能来，对它们分别进行研究。但这么做一般都不如整体论方法有效，因为整体论方法认为整体大于其各部分的总和。

二、人类动机理论

人类动机理论是本书的核心部分，这种理论几乎可以运用到个人及社会生活的各个领域。这也是本书自始至终都在阐述人类动机理论的一个重要原因。

马斯洛认为，个人是一个统一的、有组织的整体，个人的绝大多数欲望和冲动是互相关联的。驱使人类的是若干始终不变的、遗传的、本能的需要，这些需要不是生理而是心理的，它们是人类天性中固有的东西，文化不能扼杀它们，只能抑制它们。马斯洛把人类的各种需要分成几种递进的需求层次。

（一）生理的需要

人的需要中最基本、最强烈、最明显的是生理的需要，人们需要食物、饮料、住所、性交、睡眠和氧气。一个同时缺少食物、自尊和爱的人会首先要求食物，只要这一需求还未得到满足，他就会无视其他的需求或把所有其他的需求都推到后面去。

马斯洛认为，生理需要在所有的需要中排在前列。其具体的意思是：在某种极端的情况下，一个生活中缺乏任何东西的人，主要的激励因素是生理需要，而不是其他。一个缺少食物、安全、爱和尊重的人，他会对食物的渴望比对其他的东西更强烈。如果所有的需要都得不到满足，机体就会受到生理需要的支配，所有其他的需要简直变得不存在了，或者被推到了一边。这时可以用"饥饿"一词来描述整个机体的特征，人的意识几乎完全被"饥饿"占有。所有的机能都被用来满足饥饿，这些组织机能几乎都为一个目的所支配：消除饥饿。此刻，感受器官和反应器官都可能被看作是消除饥饿的工具。那些对达到这个目的的无用的机能则潜伏起来，或退入隐蔽状态。当这种需要得到满足时，又有更为高级的需要出现，以此类推。这就是人们所说的"人的基本需要组织起来成为相对的优势需要等级"的意思。

（二）安全的需要

当生理需要相对充分地得到了满足后，人就会有另外的需要，我们可以把它们大致归为安全的需要。这类需要大致包括对安全、稳定、依赖的需要，希望免受恐吓、焦躁和混乱的折磨，对体制、秩序、法律和保护者实力的需求等。

在现实这样一个和平安定的社会中，社会治安也相对良好，凡健康、正常的成人通常不会受到野兽、暴政等的威胁，其安全需要基本上都得到了满足。

像饱汉不会感到饥饿一样，一个安全的人也不再感到危险。如果要直接地、清楚地看到安全需要，就必须观察那些有神经症的人以及那些经济上或事业上的失败者。在上述这两个极端情形之间，人们可以看到安全需要的心理现象的下列表现：人们偏爱有职位保障的固定工作，要求在银行有积蓄以及加入各类保险（如医疗、失业、残废、老年等）。

在这个世界上，人们寻求安全和稳定的另一较大的表现方面是：人们普遍喜爱熟悉的事物，而非不熟悉的事物；已知的事物，而非未知的事物。人们倾向于信奉某种宗教或世界哲学以把宇宙和人类组合成一种意义上的令人满意的和谐整体，这种倾向也部分地受到了安全需要的激励。可以这样讲：一般而言，科学和哲学都部分地受到了安全需要的激励。此外，安全需要还被看作是在紧急情况下，即战争、疾病、自然灾害、犯罪浪潮、社会骚乱、神经症、脑损伤或长期处于逆境下的调动机体能源的主要积极因素。马斯洛认为，在现实社会中有些患症的成人，其安全需要在很大程度上同缺乏安全感的儿童一样，只是成人的表现有些不同。

（三）社交的需要

人对于友谊、爱情和归属的需要属于社交的需要。马斯洛认为，当生理需要和安全需要得到满足之后，人们便希望得到友谊和爱情，希望受到集体的接纳和帮助。当一个人孤立无援时，他将前所未有地、强烈地感受到朋友、情人、妻子或孩子不在身边的寂寞，产生与人广泛交往的欲望，换言之，他总是要在群体中找到一个位置，并竭尽全力达到这个目的。此时，他希望得到一个位置的心理需要胜过其他一切。

在现实社会中，人们看待友谊、爱情和可能的性欲表现时，均有一种矛盾的心理，习惯上要受到许多清规戒律的束缚。所有的精神病理学理论家都认为，社交的需要受到挫伤在精神病理中是最常见的核心问题。爱的需要受挫伤是顺应不良的基础。

爱的需要由爱和被爱两个方面组成。有一点必须强调：爱不是性欲的同义词。性欲可以作为纯粹的生理需要来理解，而爱是一种心理需要。通常，性行为是由多重因素决定的，也就是说，性行为不完全取决于性欲，还取决于其他的需要，其中主要是爱的需要。

（四）尊重的需要

尊重的需要是指人的受人尊重和自尊的需要。马斯洛发现，人们对尊重的需要可分成两类：自我尊重和被他人尊重。

人一方面希望自己具有实力、自由、独立性等，感到自己存在的价值，从而产生自尊心、自信心；另一方面希望得到外在的名誉、地位和声望，希望被他人承认和尊重。这两方面中，前者要以后者为基础，否则便是孤芳自赏，难以持久。在现实生活中，这类需要很难得到完全的满足，但当它一旦成为人的内心渴望，便会成为持久的推动力。

马斯洛认为，在现实社会中，所有的人都有一种需要或欲望，要求对自己有一种坚定的、基础稳固的并且通常是高度的评价，要求保持自尊和自重，并得到别人的尊敬。所谓基础稳固的自尊，意思就是说这种自尊是以真实的才能和成就以及别人的尊敬为基础的。这种需要可以再分类：首先是那种要求力量，要求成就，要求合格，要求面对世界的信心，以及要求自由和独立的欲望。其次，还有一种欲望，可以称之为要求名誉或威信、表扬、注意、重视或赞赏的欲望。马斯洛认为自尊的需要得到满足后，就会使人感到自信、有价值、有力量、有能力并适于生存。如果这种需要得不到满足，则使人感到低人一等、软弱或无能为力，以至于产生严重的沮丧情绪或神经质的倾向。

（五）自我实现的需要

人都希望从事与自己能力相称的工作，使自己潜在的能力得到充分的发挥，成为自己向往的人物，这是自我实现需要的表现。就像音乐家必须奏乐，画家必须绘画，诗人必须写诗一样，每个人都希望从事自己所指向的事业，并从事业的成功中得到内心的满足。

　　自我实现是马斯洛需求层次理论中最高层次的需要，它的产生依赖于前四个层次需要的满足。自我实现指的是一种自我实现的欲望。也就是说，人们有一种意向要使他潜在的本质得以现实化。这种意向可以简单地描述为人们越来越真实地体现自己的欲望，要求尽可能地实现自己的欲望。实现这种欲望所采取的形式，在个人之间有很大的区别。在某个人身上可能表现为要在绘画或创造发明方面有所成就，在另一个人身上则可能表现为要求成为一个体育明星的欲望，在第三个人身上可能表现成为模范母亲的欲望。它不一定是一种创造性的冲动，但是一个有创造能力的人是会采取这种形式的。自我实现需要的产生有赖于生理需要、安全需要、爱的需要和自尊需要都得到满足。马斯洛把这些需要都得到满足的人称为基本满足的人。由此，可以期望这种人拥有最充分的（最健康的）创造力。在现实社会里，得到基本满足的人为数不多，而且不论在临床经验和实验方面对自我实现的了解还都十分有限。这方面的研究始终是一个有待研究的富有挑战性的问题。马斯洛认为基本需要得到满足有几个先决条件，危害这些先决条件如同危害基本需要本身。这些条件包括：言论自由，不造成对他人威胁的行动自由，表达意见的自由，调查和获得信息的自由，维护自身权益、正义、公正、诚实和群体秩序的自由。损害这些自由将使人感到威胁并做出紧急反应。这些条件之所以受到保护，是因为没有这些条件基本需要就不可能得到满足。

　　上述需求层次理论仅是一种理论，实际上每个人的需求不一定是严格地按以上的顺序由低到高发展的，它需要按实际情况来确定。

三、与个人动机密切相关的问题

　　在列举了以上这些基本需要之后，马斯洛指出，社会环境或社会条件与个人动机有着密切关系。在某些满足基本需要的先决条件遇到威胁时，人们就会做出类似基本需要受到威胁时的那种反应：人们会保卫那些条件，因为没有了它们，基本需要的满足就无从谈起，或至少受到了严重的威胁。

　　人的基本需要一般呈现出前面所列出的那种顺序，但也会存在着一些特例。例如在这个社会中的人，并不是在对食物的欲望得到了完全的满足以后才会出现对安全的渴望。他们的绝大多数是基本需要部分地得到了满足，但仍有几种基本需要还没有得到满足，而正是这些尚未得到满足的基本需要强烈地左右着人的行动，在这种情况下，马斯洛又把需要大致分成高级需要和低级需要两类，并专门讨论了在高级需要和低级需要之间的各种差异。

此外，马斯洛还在本书中提出了自我实现的理论，他把自己研究的杰出人物称为自我实现的人。普通人的动机来自于缺乏，即力图满足自己对安全、归属感、爱情、自尊等的基本需要，而自我实现的人的动机主要来自于他对发展、实现的潜力及能力的需要，即主要来自于自我实现的欲望。创造性是这类人的一个普遍特点，此外他们都具有很强的洞察生活的能力，很少有自我冲突，善于自我控制，喜欢超然独立、离群独处，具有深厚的人际关系等，但偶尔也会表现出异常的、出乎意料的无情。

大多数人都不属于自我实现的人，他们尚未达到这个境地，但他们正走向成熟。自我实现的过程意味着发展现有的或潜在的能力，发展或发现真实的自我。

马斯洛明确批评了弗洛伊德心理学，他指出：研究有缺陷、发育不全、不成熟和不健康的人只会产生残缺不全的心理学和哲学，而对于自我实现者的研究，必将为一门更具有普遍意义的心理科学奠定基础。

精 彩 语 录

(1) 某些有心理变态的人是说明永远失去爱的需要的例子。根据实际资料来看，这种人在生命早期就缺少爱，因而永远失去爱和被爱的欲望和能力，这正如动物出生后没有立即锻炼就会丧失吮吸和啄食的反应能力一样。

(2) 有些人的志向水平可能永远处于较低层次。也就是说，在需要层次结构中较高层次的需要可能干脆消失了，而且可能永远消失了。结果，这种人始终生活在低水平上，如长期失业。他们可能继续在余生中仅仅满足于获取足够的食物。

（3）在某种极端的情况下，一个生活中缺乏任何东西的人，主要的激励因素是生理需要，而不是其他。

（4）现实社会中，所有的人都有一种需要或欲望，要求别人对自己有一种坚定的并且是高度的评价，要求保持自尊和自重，并得到他人的尊敬。

（5）自我实现指的是一种自我实现的欲望。也就是说，人们有一种意向要使自己潜在的本质得以实现。

推荐阅读

马斯洛的《科学心理学》这本书探讨了科学研究中的心理学问题，本书的中心思想是：科学是科学家人性的产物，它不只是审慎的、因袭的科学家的制品，更是勇敢的、革命的科学家的突破和创新。作者从这一基本观点出发，着重讨论了科学家的心理健康问题，以及心理学作为一门科学的创新途径。

《存在心理学探索》是马斯洛对1954年～1960年间发表的演说、论文加以修订和扩展的汇总，在一定程度上，概括了他的观点，并对心理学未来发展做出了纲领性推断。

《人性能达的境界》是马斯洛的遗作，由马斯洛1969年亲自选定的文章组成，探讨了健康与病态、创造性、价值、教育、社会、存在认知、超越和存在心理学、超越性动机8大类问题。

扫码获取更多资源

《管理实践》

关于作者 ·······

　　彼得·德鲁克是世界管理学界德高望重的一代宗师，被尊称为"现代管理学之父"、"大师中的大师"，他对现代管理学的巨大贡献，及其管理思想的实践性和前瞻性已为世人所公认，是"有史以来对管理理论贡献最大的大师"。

　　1909年11月19日，祖籍荷兰的彼得·德鲁克出生于奥匈帝国统治下的维也纳。德鲁克从小生长在富于文化气息的环境之中，先后在奥地利和德国接受教育。1929年后在伦敦任新闻记者和国际银行的经济学家。1931年获法兰克福大学法学博士。1937年移民美国，曾在一些银行、保险公司和跨国公司任经济学家与管理顾问。1942年，受聘为当时世界最大的企业——通用汽车公司的顾问，对公司的内部管理结构进行研究。1943年加入美国国籍。

　　德鲁克曾在贝宁顿学院任哲学教授和政治学教授，并在纽约大学研究生院担任了20多年的管理学教授。尽管被称为"现代管理学之父"，但德鲁克一直认为自己首先是一名作家和老师。

　　作为第一个提出"管理学"概念的人，当今世界，很难找到一个比德鲁克更能引领时代的思考者：20世纪50年代初，德鲁克指出计算机将彻底改变商业；1961年，他提醒美国应关注日本工业的崛起；20年后，又是他首先警告日本这个东亚国家可能陷入经济滞胀；20 世纪 90 年代，他率先对"知识经济"进行了阐释。

媒体对他的最恰当评价是："在一个充斥着自大狂和江湖骗子的行业中一个真正的具有原创性的思想家。"在商界，包括杰克·韦尔奇在内的众多杰出经理人对其理论积极实践，这恰好符合德鲁克的理论："管理是一种实践，其本质不在于'知'而在于'行'；其验证不在于逻辑，而在于成果。"

自 1971 年起，彼德·德鲁克一直任教于克莱蒙特大学的管理研究生院。为纪念其在管理领域的杰出贡献，克莱蒙特大学的管理研究院以他的名字命名。1990 年，为提高非营利组织的绩效，由弗朗西斯·赫塞尔本等人发起，以德鲁克的声望，在美国成立了"德鲁克非营利基金会"。10 余年来该基金会选拔优秀的非营利组织，举办研讨会，出版教材、书籍及刊物多种，对社会造成巨大影响。

2003 年 7 月，彼得·德鲁克接受了美国总统布什颁赠的美国公民最高荣誉勋章——总统自由奖章。对于 94 岁高龄的德鲁克而言，这可谓是一份迟到的荣誉。

德鲁克已出版超过 30 本著作，被翻译成 30 多种文字，传播到 130 多个国家，最具代表性的著作包括：

1946 年，出版《公司概念》，对大企业的组织与结构有详细而独到的分析。该书的重要贡献还在于，德鲁克首次提出"组织"的概念，并且奠定了组织学的基础。

1954 年，出版《管理实践》，提出了一个具有划时代意义的概念——目标管理。从此他将管理学开创成为一门学科，从而奠定其管理大师的地位。

1966 年，出版《卓有成效的管理者》，告诉读者：不是只有管理别人的人才称得上是管理者，在当今知识社会中，知识工作者即为管理者，管理者的工作必须卓有成效。

1973 年，出版巨著《管理：任务、责任、实践》，是一本给企业经营者的系统化管理手册。该书被誉为"管理学"的"圣经"。

1982 年，出版《巨变时代的管理》，探讨了有关管理者的一些问题，管理者角色内涵的变化，他们的任务和使命，面临的问题和机遇，以及他们的发展趋势。

1985年，出版《创新与企业家精神》，该书被誉为《管理实践》推出后德鲁克最重要的著作之一，书中强调目前的经济已由"管理的经济"转变为"创新的经济"。

1999年，出版《21世纪的管理挑战》，德鲁克将"新经济"的挑战清楚地定义为：提高知识工作的生产力。

至2004年，德鲁克还有新书问世。

无论是英特尔公司创始人安迪·格鲁夫，微软总裁比尔·盖茨，还是通用电气公司前CEO杰克·韦尔奇，他们在管理思想和管理实践方面都受到了德鲁克的启发和影响。"假如世界上果真有所谓大师中的大师，那个人的名字，必定是彼得·德鲁克。"这是著名财经杂志《经济学人》对彼得·德鲁克的评价。

2005年11月11日，德鲁克在美国加州克莱蒙特家中逝世，享年95岁。

关于本书 ·······

《管理实践》一书是德鲁克在1954年写成的一本具有经典意义的管理学著作。它是管理学发展史上的一个里程碑——标志了现代管理学的诞生。正如《追求卓越》的作者彼得斯所说："在德鲁克之前，并无真正的管理学存在。"可以说，就是这本著作奠定了德鲁克在现代管理学学术史上的奠基人地位。

《管理实践》是第一部把管理涉及的各个领域进行系统性论述的书。该书提出了一系列极具前瞻性的管理见解，又从实践出发阐明了应用的途径，从而构筑了管理这门学科的架构。人们完全可以把这本书"既视为传递知识的工具，也看成一个行动指南"。

某著名教授曾说过："如果你不看这本书，你就不可能真正理解管理学。"为什么这样说？原因很简单，"现代管理学的大厦就是建立在这本书所提出的一系列思想的基础上的"。而且相对于教科书而言，该书具有思想一脉相承、高度洞察性、前瞻性和启发性的优点。如果你认真读一读这本书，你就不难看出，现代大部分流行的管理思想和实践都可以从这本书中找到根源。粗略列举一下，就可以包括：目标管理、参与管理、知识员工管理、客户导向的营销、业绩考核、职业生涯管理、事业部制分权管理、企业文化、自我管理团队等等。甚至连最近非常流行的平衡记分卡，我们也可以在德鲁克在《管理实践》一书对企业目标的论述中找到根源。

内容梗概 ·······

一、管理的任务及职责

关于管理的任务，德鲁克认为，管理主要有 3 项任务。

（一）取得经济效果

取得经济效果是企业存在的目的，它决定着企业的生存和发展，那种认为企业牟利是不合理的想法是不对的，取得利润本身就是目的之一。社会对企业的评价越高，其要求就越高，企业对经济效果的依赖就越大。作为管理者的经理人员，在他们的每一个决策行为中，都必须以经济效果为最优先的考虑。不论经济形态和社会意识形态怎样，作为经济机构的企业，其管理人员都要首先考虑经济利润的责任。然而，德鲁克认为企业的利润并不是越高越好，任何企业的第一考虑不是利润或最大限度追求高利润，而是获得足够的利润以便使风险和所付出的东西减到最小，避免亏损，这里的经济效果是赚取合理的足够的利润而以最大限度地追求利润为目的。

（二）使工作具有生产性，使工人有成就

德鲁克认为，企业的资源可以分为 3 类：资本、人力和时间，但真正的资源只有一项，就是人力。对于任何组织、机构来讲，都是通过人力资源管理使人更有生产性来执行工作的，所以，他认为使人更有生产性极为重要。德鲁克同时提出更有生产性的工作是："能直接有助于企业成长的工作都有生产性，也就是说管理者应根据企业本身的需要而创设新的工作，并经常使工作增加新的内容，也就是应该依照事物本身的逻辑来组织工作。下一步就是使工作能够适合人，使工作人员有成就感，必须了解人的特殊的生理、心理特质和特殊的行为方式，应该采取适当的管理方式，具体分析，重视人的心理作用，从不同角度去满足他们对责任、诱导、参与、激励、报酬、领导、地位及职能的各方面要求，使工人能够满意。"

（三）处理企业对社会的影响和承担企业对社会的责任

每个企业、机构、组织都是社会的组成部分和社会存在，企业的好坏不是由自己来评说的，而只能由社会功能来评定。企业为了承担社会责任，就必须提供商品和劳务，就势必对人们产生影响，企业必须关心人们的生活质量和生活环境。

德鲁克认为对管理的职责，体现在3个方面：

（一）创造经济绩效

管理是企业的一个具体机构，通过管理层来起作用；管理是企业的具体机制，这一机制将企业的管理和所有其他机构的管理机制区别开来。管理的首要职能是经济绩效，管理层只能以它创造的经济成果来证明它的存在和它的权威是必要的，假如未能创造经济成果，假如不能以顾客愿意支付的价格提高产品或服务，假如不能用交付于它的经济资源提高或至少保持其生产财富的能力，管理都是失败的。所以管理的第一个定义是：它是一种经济机制，是工业社会一种特定的经济机制，管理所涉及的每一项活动或每一项决策都必须以经济尺度作为首要尺度。

（二）对管理人员进行管理

企业不是一个机械的资源汇集体，真正能够增大的资源只能是人力资源，至于其他资源，不管利用得怎样，都不会产生出比投入的总量更大的产出。德鲁克不同意把普通工人看作是一种物质资源，事实上很多普通工人也在做管理工作，假如他们更加努力则会产生更大的效益。对管理人员的投资是不会在账面上表现出来的，而且超过了对任何一种其他资源的投资。

（三）管理工人与工作

工人不同于其他资源，他们具有个性和公民资格，对是否工作、做多少工作、如何工作具有自主支配能力，所以需要激励、参与、满足、刺激和奖励、领导地位、作用与身份，也只有管理工作才能满足这些要求。另外，管理有一种额外的尺度：时间。管理人员必须将当前利益和长期利益结合起来考虑，假如眼前利益是以长期的盈利能力或公司的生存为代价，假如一项决策为了宏伟的未来而使这一年遭受风险，那么这种管理是无效的。管理人员必须保持企业目前的成功和盈利，又要能使企业发展和兴旺。由此，德鲁克认为：管理是一种有着多重目的的机制，既管理企业，又管理管理人员，也管理工人和工作。如果缺少其中任何一项，那就没有任何管理，也不会有工商企业或工业社会。

二、企业及企业管理意味着什么

以西尔斯公司为案例，德鲁克解释了什么是企业以及企业管理意味着什么。

首先，企业是由人创造和管理的，不是由某些外在力量管理的，经济力量制约了管理人员所能做的事情，也为管理人员的行为创造了机会，但不会决定企业是什么或企业做了什么。管理人员不仅发现这些力量，并且通过自身的行为创造力量。

不能以利润来界定和解释企业，盈利能力和利润是对企业的一种约束，不是企业行为和企业决策的根本原因。

其次，企业是社会的一部分，企业的目的必须存在于社会之中，那就是造就顾客。市场不是由上帝、大自然或经济力量所创造的，而是由企业家创建的，在企业家向顾客提供某种服务、满足他们的需求之前，顾客可能已感觉到那种需求。这种需求过去可能是一种理论上的需求，或是未察觉到的需求，或是根本不存在的需求，然而企业家通过广告、推销与发明某种新东西后，才会出现这样的需求。并且，顾客决定了企业是什么，因为只有顾客通过对商品或服务的购买，才使经济资源转化为财富，物品转化为商品。企业是什么、企业生产什么、企业是否会兴旺是由顾客决定的，顾客是企业的基础，并使企业得以生存和发展。

在自动化的产业革命中，管理面临着严峻的挑战。但德鲁克并不同意新技术将使机器人来取代人工劳力，相反，他认为这会使熟练工人的内涵发生变化。工人不再是从事体力劳动的人，而是具有更熟练的技能和受过高等教育，能够创造更多财富、享有舒适生活的人。德鲁克认为，新技术对受过高级培训的技术员、工人与管理人员将有很大的需求量，所以它不会使人工劳力成为多余之物。

三、目标的制定与管理

（一）目标制定

企业的目标是什么，对此，德鲁克指出，真正的困难不在于需要确立什么目标，而在于决定我们如何制定目标。唯一的方法是制定衡量标准。无论什么企业，无论什么经济条件，无论企业的规模或发展阶段如何，都存在8个关键领域：市场地位、创新、实物和金融资源、利润、生产率、管理人员的表现和培养、工人的表现和态度、公共责任感。

根据市场潜力和提供竞争商品和服务的供货商的业绩来作为衡量标准是准确确定市场地位的前提。一个企业提供的商品如果少于一定的市场份额，这家企业就成为一家边际供应商，面临着被挤出市场的风险。然而假如存在着较大的市场地位，会使企业难以适应创新的变化，非常脆弱，因此必须确立营销目标。营销目标有7个：第一，以美元与市场百分比表示的、根据直接和间接竞争衡量的现有产品在目前市场上所占有的地位；第二，以美元和市场百分点确定的，并根据直接竞争和间接竞争衡量的现有产品在新的市场所占有的地位；第三，应该摒弃的现有产品；第四，现有市场所需的新产品；第五，新产品应该发展的新的市场；第六，商品销售组织体系；第七，服务目标。

企业的创新目标主要体现为5点：第一，为实现市场目标所需要的新产品或服务；第二，因技术变化所需要的新产品或服务；第三，对产品需做的改进；第四，所需的新生产工艺或对产品所做的改进；第五，企业经营活动的所有主要领域的创新和提高。生产率的衡量显示出资源是怎样有效地得到利用的，以及它们的产出是多少，衡量生产率的标准是贡献值，即公司从产品与服务销售中获得的毛收入，与公司向其他供应商购置原料或服务所支付的金额的一种差额。贡献值包括企业所做的所有努力的全部成本以及企业因这些努力所获得的全部报酬，它表明企业自身贡献于最终产品的所有资源以及市场对这些努力所做的评价。物质产品的生产离不开实物资源的供应，比如工厂、机器、办公室等，同时还需要资本预算，获得金融资源。在德鲁克看来，盈利率或利润率必须考虑时间因素和风险因素，可以根据原始投资的原始成本通过预测扣除折旧费后，按税前的净利润来衡量盈利率。另外，德鲁克认为，制定目标必须注意时间跨度，即持续的时间长短，并且还必须平衡目标。

（二）目标管理

目标一经制定出来，还需要对其进行管理，否则目标是很难实现的。目标管理的具体含义是指管理者以工作目标来领导下属。管理者在事前和下属商定彼此可以接受的目标及计划后，即充分授权，让下属选择最有效的手段，以达成预先设立的目标。事后，管理者再以原目标与下属实际执行的成果加以检讨，并予校正与调整，以验证目标的达成情况。目标管理使得管理者有更多的时间从事计划与思考，也让下属有更多机会发挥功能。所以目标管理乃是有效发挥团队合作，提升创新能力，以及培育下属才能的领导方式。

目标管理的一个关键要素，是让员工参与到目标的制定中去。目标必须要让员工参与制定，这样做有利于目标的接受与实施。有关目标制定的研究表明，制定恰当而具有挑战性的目标，能够产生强烈的激励作用。虽然不能说让员工参与目标制定的过程总是可取的，但是，当员工在执行较困难的有挑战性的工作遇到阻力时，让员工参与目标的制定肯定是有好处的。他们自己参与了，就会卖力地去为这个目标努力，等目标实现了，他们也就更有成就感。

对最后目标的完成情况进行反馈，让员工了解，是目标管理的一个要求。管理者应该定期向员工通告目标的完成情况，让他们对照标准衡量自己的工作成果，看他们的工作是否符合目标的要求。这样做对员工的激励作用很大。经过反馈，工作达到指标的人知道自己目前的工作进度很好，并指导自己继续做下去就会取得满意的结果，会得到领导的好评，他们会觉得自己受到了重视；而没有达到指标的人知道自己的进度落后了，再不努力就达不到自己制定的目标，他们就会加倍努力，提高效率。

让员工参与制定目标，若组织的目标定得太高，根本不可行的话，也就起不到目标管理的作用了，所以在制定目标时要考虑是否具有可行性。

目标管理是以人性为中心的管理方法，它充分考虑员工的心理，用激励替代惩罚，采取自我控制与自我检讨的自主管理方式，借以塑造员工的自信心与自尊心；让员工参与目标的制定，由共同商讨而使员工参与规划、决策及执行，增进员工责任感与荣誉感，激发其工作潜能；它是以民主代替集权。目标管理是结合企业机构内部人员之愿望与组织之愿望的管理技术。

总而言之，目标管理是一种满足员工需求及激励员工潜能，以达成企业追求生存与发展的管理技术，是迈向现代化管理的主要活动之一。

四、企业的人事管理

德鲁克通过 IBM 公司的例子分析指出，雇佣一名工人是指一个完整的人而不是人体的一部分，我们是同作为人力资源的工人打交道。工人作为一种资源区别于其他资源，他需要激励和培训。一般而言，企业要求工人自愿为实现企业的目标而做出努力，要求工人乐意接受变革。而工人不仅要求经济回报，并且要求地位、平等机会与工作的满足感。

人事管理方面，德鲁克认为：人事管理是对工人和工作的管理，但一般人认为人事管理无效有 3 个错误原因：首先，他假设工人好逸恶劳；其次，人事管理把对工人和工作的管理看作是专家的工作；最后，人事管理部门倾向于充当一个"救火"的角色。人际关系则承认人力资源是一种特殊的资源，反对积极通过近亲刺激工人的想法，但人际关系理论的贡献基本上是一种消极的贡献，历史上也未能替代新的观点。德鲁克认为，美国最广泛使用的人事管理概念是"科学管理"，它的核心是有组织地对工作进行研究，将工作分解成最简单的要素，就有计划有步骤地提高这些要素中每一要素的工人的业绩，但存在着极大的缺陷，是把人看成"机器"必然会加剧工人对变革的抵制。新技术则加重了科学管理的弊端。

什么样的激励机制才能最充分地调动工人的积极性呢？德鲁克指出，必须培养工人的责任感，这里有 4 种办法：安排工作要慎重；必须制定较高的绩效标准；向工人们提供自我控制所需要的信息；为他们提供参与的机会，让他们学会从管理者的角度来看待问题。另外，让工人及时了解企业的有关情况，促使他们像管理人员一样地看待问题，也鼓励工人在厂内社团活动方面起领导作用，这也可以激发工人的责任心。

德鲁克认为经理有两项具体任务：第一项是造就出一个真正的群体，这个集体的工作成效要大于各个组成部分工作绩效的总和；第二个任务是采取某些行动或某些决策时，必须协调好眼前与长远需要之间的关系。经理的工作内容有：制定目标、组织工作、沟通和激励工作人员测定绩效和培训人才。信息是经理的工具，人才是经理的资源，时间是经理稀缺的资源。

企业与工人之间的经济关系比较微妙。对经济报酬的不满则影响积极性的发挥，最好的经济报酬也不一定就能换来工人对工作的责任心，而非经济性的刺激也不能补偿工人对经济待遇的不满。企业把薪酬看成是成本，要求尽量减少薪酬；然而雇员把薪酬看作是收入，要求薪酬稳定。对于企业，新技术的出现迫使企业稳定其雇佣政策，人力资源的培训也成为一项重大投资。对于工人对利润存在的抵触情绪，利润分享制和股份所有权有助于解决这种情绪。

决策有战术决策与战略决策两种，德鲁克认为，战略决策更为重要，或者弄明情况或者改变情况，或者查明有哪些资源或者了解应该有哪些资源。经理在管理层次中的地位越高，要做的战略决策越多。步骤有5个方面：第一，弄清问题；第二，分析问题；第三，制定可供选择的解决问题的方案；第四，寻找最佳解决方案；第五，使决策生效。

德鲁克认为，要胜任明天的经理，最重要的仍旧是正直的品格。

精 彩 语 录

（1）企业需要的是一种管理原则。这种原则可使个人的力量和责任心充分发挥出来，与此同时，为人们的注意力指明共同的方向，建立协作关系，并使个人的目标与公共的利益相互协调。

（2）一家企业可以做许多事，以对付造成企业不可管理的力量。适当地组织管理工作和企业机构对防止规模失控大有裨益。

（3）作为社会中的领导集团，光是公正无私是远远不够的，就是能把公众的利益置于自己利益之上也还是不够的。管理部门应该成功地把公众与私人利益协调起来，设法让公众利益与企业的自身利益相互一致起来。

推 荐 阅 读

《管理的前沿》是彼得·德鲁克继他 1985 年发表的《创新与企业家精神》之后，于 1986 年出版的又一著作。

此书不同于德鲁克以往的长篇著作，这是他的一本论文集。书中收集了 1981 年～1986 年他在美国报刊上发表过的 35 篇文章，以及列为本书第一篇的"访问记"和专为本书而做的最后一篇"后记"，合计共 37 篇。这些文章论述的内容广泛，涉及经济、人事、管理和组织等 4 个方面。

《帕金森定律》

关于作者 ·······

　　诺斯古德·帕金森，英国历史学博士，曾在哈佛大学担任教授。1957年，他在马来西亚一个海滨度假时，悟出了一个定律，后来他将自己思考的结果发表在伦敦的《经济学家》期刊上，从而一举成名。

　　帕金森教授是典型的英国人，富有幽默感又孤高自傲，《帕金森定律》一书出名以后，他的演讲是座无虚席。

　　历史学界一向有史学、史才、史识之说，但作为历史学家的帕金森教授，与自己的同行相比，更具有面对现实的勇气和对历史社会的责任感。因为他在书中揭露了社会上诸多不合理现象，阐述了机构人员膨胀的原因与后果。直到今天，现代公私机构仍然没有完全解决人员膨胀、效率低下的问题。而帕金森教授对机构病症的独到观察与尖锐批评，仍然值得任何机构的高级人员进行参考和反省。

关于本书 ·······

　　1958年，一本仅有130页左右的小书在英国问世，几十万册很快一销而空，对世界产生了深远的影响。《金融时报》评价说："一本可恶的书，不能让它落入下属的手里。"《星期日泰晤士报》的评价则是："一本极端情趣横溢和诙谐的书。"

这本小书就是诺斯古德·帕金森写的小品杂文集《帕金森定律》。

《帕金森定律》一书出版以后，被翻译成多国语言，在美国更是长踞畅销书排行榜榜首。

《帕金森定律》主要以 20 世纪 50 年代的英国为背景，通过对政治制度、政府机构的组成、人员的设置，以及机关企业的工作制度和工作方法的描述，深刻地剖析并无情地鞭挞了当时盛行的官僚主义与腐朽庸俗作风。作者文笔辛辣，言辞简练，冷嘲热讽，时而把真事当作假的故事来说，时而又把假设的情节煞有介事地当作真的来讲，对金玉其外、败絮其中的资产阶级上层社会做了入木三分的刻画。

总的来说，《帕金森定律》提供了许多值得思考的问题。作者笔锋犀利却又幽默风趣。所谓的"帕金森定律"在世界各地虽然不一定能说是已达到脍炙人口的地步，但是相当多的人，特别是文化知识界的人，都很明白它就是讥讽官僚主义和官僚作风的代名词。奥伯特·兰卡斯特为这书做了多幅插图，把英国上层社会里形形色色的洋相介绍给了读者。这些漫画为全书生色不少，可以说是笑料之外又加了笑料，使人读来更是爱不释手。

内容梗概 ·······

《帕金森定律》以讽刺小品体裁写成，文笔辛辣，在令人发笑的同时，又令人深思。这本小品杂文集由 9 个相互独立的小文章构成，又形成一个统一和谐的整体。

一、帕金森定律

作者先以一个现实生活中普遍存在的小事为引子，得出一个推断，即完成工作（特别是文字工作）的时间伸缩性如此之大，说明工作量和做这份工作的人数二者之间关系甚微，甚至是毫无关系。大家都承认，事情的重要性和复杂性跟办这事情花费的时间应该成正比，但作者认为这话的广泛含义，特别在行政工作方面，却很少引起重视。有些人相信，在职人员多了一定反映工作量增长了；另一些人认为，职工人数成倍上升，结果必定是某些人闲下来无事可做，再不就是大家的工作时间一律缩短。对此问题，作者认为职工人数和工作量互不相关，职工人数的增长是服从"帕金森定律"的。不论工作多少，甚至完全没有了，职工人数的变化总逃脱不了这条定律。

"帕金森定律"是经过搜集了大量的统计材料，加以研究才制定出来的。它有两个无须解释的事实可代表其理由：当官的人需要补充的是下属而不是对手；当官的人彼此之间是会制造出工作来做的。

研究行政学的人会得出结论：行政人员或多或少是注定要增长的。帕金森用数学方式来阐明"帕金森定律"——在任何一个政府行政部门，只要不是处在战争时期，编制总是按下列公式增长：

$$X = \frac{2km+1}{n}$$

k 代表一个要求派助手从而达到个人提升目的的人。从此人被任命到他退休，这期间的年龄差别用 l 表示。m 是部门内部行文通气而耗费的劳动时数。n 是被管理的单位。用这个公式求出的 x 就是每年需要补充的新职工人数。帕金森并没有讨论行政领导和被领导之间的比率数到底应该多大，他认为当时条件还不成熟。他认为"帕金森定律"完全是纯科学的发现，此定律对于政治，只在理论上适用。

二、报考人名单

依照"帕金森定律"，录用新人是一项经常性的任务，问题在于如何从报考人当中挑选合适的人。

帕金森首先介绍了以前的两类录取人的主要办法——英国式的与中国式的。英国方式全靠一次面谈，录取委员会往往根据一本叫作《社会地位手册》的书做出抉择，即根据申请人的社会背景来选择。中国方式即科举制，以强调文学修养为特点，考试内容包括了经典知识、写作能力以及坚持把考卷从头至尾答完的顽强作风。

很多方法经过改进、试验，仍不够理想。帕金森认为很多办法最终失败，主要是因为申请人实在太多了，而毛病就出在最初的广告上。因为事先考虑不够，广告里提出的条件免不了要吸引成千上万的人。而事实上一幅高明的广告只能有少数甚至一个合适的人响应。在招新人之前，第一步先要分析工作的性质，从而确定录用者的必备条件，再写出用语恰当的广告，这样只会有很少的具备条件的人来申请，可以节约时间，省去不少麻烦。

三、委员和委员会

帕金森认为，会议学这门学问没受到足够的重视。这门科学首要的基本原则是，任何一个委员会，其性质总是有机的，而不是机械的。它不是一成不变的结构，如同一株植物，可以生根、发芽、开花、凋谢与死亡。

帕金森选取了可授给自己的成员最大权力与最高荣誉的委员会进行研究，然后以调查结果为依据，考察了英国内阁的组成演变。通过分析历史，而且引用了会议学研究所用来计算低效能系数的公式，得出一个粗略的印象：一个委员会的成员一超过20人或21人，这个组织的工作效率就减低了。但是，帕金森也没有在此深入讨论一个委员会的成员到底以多少人为宜。

四、人民的意志

帕金森先介绍了英国与法国议院制的差别。英国议员要做的就是为自己一派出力，不必动脑子。发言人坐在自己一边就支持，坐在另一边就反对，因为座位是面对面分两边排列的。法国人把座位排成半圆形，全面向主席台，这制造了混乱。在每个需要用人民的意志来决定的矛盾问题上，真正做出决定的人是核心组员。因此，发表演讲完全是浪费时间。一派永远不会同意，而另一派早已同意了。剩下的是核心组员，其中一部分听不见讨论，另一部分虽听得见，但是听不懂讨论什么。要争取这些人的选票，首先要靠他两侧的人给他做出表率。所以，核心组员的选票，是由偶然性来支配的。

五、筛选关键人物

帕金森认为，应该认真考虑鸡尾酒会的作用和任务。他以如何在出席酒会的来宾中去发现重要人物为例，说明使用科学方法，能够更快更好地达到目的。

　　他从社交活动中观察，归结为一个公式可运用到其他相似场合。为寻找关键人物，可用大脑设想，把大厅地面划成方格，从左而右绕圈编成 A B C D E 等若干块，再把从大门口到对面墙的地面，编成 1～8 号。酒会开始时间定为 H，最后一位客人离去的时间，大约在第一批客人到达后 2 小时又 20 分钟，即 H+140。现在要物色的关键人物，他们从 H+75 到 H+90 这段时间里，一定是在 E/7 方块里活动，其中最有影响的人又在这样人的中心。

　　虽然此公式很可能不适合我国当今的情况，但作者研究问题的思路和方法仍对我们有很大的启发。

六、大笔开支好通过

　　帕金森认为，由于财务委员会成员对大笔开支的不明白，所以常出现这样的现象：议事日程上要讨论的问题中，花钱多少和讨论时间的长短恰恰成反比。他称其为"烦琐定律"。

　　一方面，钱数大到一定地步就会在会上讨论不起来；另一方面，钱数小到一定程度，委员们的兴趣也会终止。

　　但对于钱数究竟大到何种地步才会讨论不起来，他认为仍需调查研究。

七、计划与设备

　　一个人在单位里的地位高低，是有标准可衡量的。比如要拜会某人，要经过几道门，他用了几位助手，他有几部电话机，他的办公室地毯有多厚。所以，有人想设计尽善尽美的规划，建设完美的建筑物。而帕金森认为，只有把一切重要的工作都做完了，才轮到做这样的规划。完善等于终结，终结等于死亡。正如有些单位一成立，就设置了很多行政领导人，并让其集中在一座专门为他们设计的大楼里。经验证明，像这样的单位必死无疑。

八、"因嫉怠等死"顽症

　　"因嫉怠等死"译自 injelititis，而此单词为帕金森自创于 incompete-ce（无能）与 jealousy（嫉妒）两个英文字的字头，加上医学上疾病的字尾。

此病属于组织上的瘫痪病。第一个出现的危险迹象，就是单位的领导层有一位高高在上，他集无能与嫉妒于一身。疾病进入第二期，因嫉妒病，患者总是排斥一切能力比他强的人，也总是反对任命或者提升任何在将来可能胜过他的人。病菌侵入机体到第三期，整个单位从上到下连一星半点儿智慧都消灭得干干净净了。从现实意义上讲，这个机构已经死了。

对于此病的治疗，帕金森提出了几条原则：第一，一个患病的单位依靠自己是治不好的，所以要依靠外部帮助；第二，病在初期可吃一点简单的药，二期有时可以做手术，三期就治不好了，只能重起炉灶。

九、养老金

帕金森讨论了退休的最佳年龄问题，然后，对于许多不愿退休的难题，提出了促使退休的方法。

精 彩 语 录

（1）实验证明，任何一位上了年纪的负责人，只要不断乘飞机出差，不断填写表格，到一定程度就不得不退休了。

（2）不认真办事不一定显得悠闲，无所事事也不一定能从懒散上看得出来。

（3）病人绝不能同时给自己当外科医生。一个单位到了病入膏肓的地步，必须得请专家来帮忙。费用或许昂贵，可是得了关系生死存亡之病，花钱也就在所不惜了。

（4）有两个无须解释就十分明白的事实：第一，当官的人需要补充的是下属而不是对手；第二，当官的人彼此之间是会制造出工作来做的。

推荐阅读

　　《系统理论与管理》是美国管理学家卡斯特的著作之一，也是系统理论学派的代表著作之一。该作品重视对组织结构和模式的分析，应用一般系统理论的范畴、原理，全面分析和研究企业和其他组织的管理活动和管理过程，并建立起系统模型以便于分析。

扫码获取更多资源

《企业的人性方面》

关于作者 ·······

　　虽然道格拉斯·默里·麦格雷戈（1906 年～1964 年）40 多年前就去世了，但他仍是人际关系学方面最有影响力的思想家之一。他的学生和支持者华伦·贝尼斯说："麦格雷戈有一种天赋，他能理解那些真正打动实际工作者的东西。他不是一位伟大的学者，但他具备这样的素质，他对当时被称作行为科学的研究领域有惊人的洞察力，可以利用它使其在实际工作者中产生反响。"

　　麦格雷戈生于底特律，是位牧师的儿子。1932 年他毕业于底特律城市学院，后去哈佛大学攻读博士。取得博士学位后，麦格雷戈留在哈佛大学任社会心理学助教和讲师。后来他又到麻省理工学院任心理学助理教授。1948 年他成为位于俄亥俄州的安蒂奥克学院的校长。安蒂奥克学院是一所著名的主张进步主义的文学院。华伦·贝尼斯回忆麦格雷戈刚到时是个"来自麻省理工的爱咧嘴大笑和亲切随便的人"。1954 年，麦格雷戈以管理学教授的身份重返麻省理工学院。1962 年他成为斯隆学会工业管理学教授。

　　任院长期间，麦格雷戈对当时流行的传统的管理观点和对人的特性的看法提出了疑问。其后，他在 1960 年 11 月的美国《管理评论》杂志上发表了《企业的人性方面》一文，这篇文章是他的代表作，在这里他提出了有名的"X 理论－Y 理论"，X 理论阐述了独裁式的管理风格，而 Y 理论则阐述了民主式的管理风格。

根据人类行为假设，不论人们是否承认，都存在着某些管理风格。独裁式的和监督式的管理风格反映了 X 理论的思想，而参与式的、社团式的管理风格则体现了 Y 理论的思想。麦格雷戈在以后的著作中将这个理论进一步发挥，该文于 1960 年以书的形式出版，这个思想对管理实践产生了深刻的影响。

除了人的工作动机之外，我们还必须知道人是如何看待工作的，这个问题在学术界一直有争议。麦格雷戈认为，有关人的性质和人的行为的假设对于决定管理人员的工作方式来讲是极为重要的。各种管理人员以他们对人的性质的假设为依据，可用不同的方式来组织、控制和激励。

基于这种思想，道格拉斯·麦格雷戈提出了有关人性的两种截然不同的观点：一种是消极的 X 理论，即人性本恶；另一种是基本上积极的 Y 理论，即人性本善。对于这一理论任何一位管理者都应当熟知并娴熟运用。通过观察管理者处理员工关系的方式，麦格雷戈发现，管理者关于人性的观点是建立在一些假设基础之上的，而管理者又根据这些假设来塑造他们自己对下属的行为方式。

人们一般认为麦格雷戈的"X 理论－Y 理论"的不足之处是 X 与 Y 互不相容，遥遥相对。为了打消人们的抱怨，麦格雷戈在他最后的日子里发展了 Z 理论，该理论综合了组织规则和人事规则。Z 理论的衣钵后来传给了威廉·大内。大内在他的《Z 理论》一书中分析了日本工作模式，发现麦格雷戈 Z 理论提出的许多思想论据十分丰富，这些思想包括终生雇佣制、非正式控制、一致同意的决定、缓慢提升、借助中间管理讯息做到上传下达的通畅、对公司责任感及对质量的强调。

虽然麦格雷戈留给世人的主要是 X 理论和 Y 理论，但我们应该从整体上去认识他的研究对人际关系的影响。他的观点至今仍然十分重要："如果我们能学会如何将企业人力资源中内在的努力工作的潜能发挥出来，我们将会为政府和国家提供一个人类迫切需要的模型。"

关于本书 •••••••

在《企业的人性方面》的前言中，麦格雷戈写道："企业的人事方面牵一发而动全身。在管理中，人力资源控制的理论假设决定企业的全部特征。这本书是为证明这一论点所做的一次尝试。"

《企业的人性方面》成为当时的教材，人际关系学校一直沿用它作为传统教科书。20世纪60年代中后期，大型公司雄霸市场，世界处于最困惑的阶段，麦格雷戈对工作和动机的研究切中了这一时期暴露的种种问题。1965年是该书的销售高峰期，共售出3万册，这对当时的出版界来说是个前所未有的数字。

在《企业的人性方面》一书中，麦格雷戈指出经理的两种思维方式，即X理论－Y理论。X理论是传统的"胡萝卜加大棒"式的软硬兼施的思维方式。它建立在"群众是平庸的"的假设基础上。该假设假定工人生来是懒汉，必须有人监督，有人在后面推，工作在工人看来，是为了挣钱而迫不得已干的坏事。麦格雷戈写道，X理论的前提是："一般的人，天性就是好逸恶劳，而且只要他们能够做到，就设法逃避工作；绝大多数的人都必须用强迫、控制、指挥，并用处罚、威胁等手段，使他们做出适当的努力去实现组织的目标；一般的人，情愿受人指导，希望避免担负责任，相对地缺乏进取心，而把个人的安全看得最重要。"

麦格雷戈为X理论"通行美国工商界，并实实在在地影响了管理战略"而感到悲哀。他观察到"如果说传统的组织理论中有唯一的一条假设，这条假设就是权威，是管理控制的中心和必不可少的手段"。

麦格雷戈写道："过去的企业的人事方面的主张和信仰在今天已过时。"他接着总结道："这些行为并不是人类天性的必然结果，工业组织的本质、管理哲学、政治和实践才是造成这些行为的原因。"不是创造了组织，而是组织本身改变了人们的看法、情感和行为。

于是，麦格雷戈提出了Y理论，即一般人都是勤奋的，如果环境条件有利，工作就如同游戏或休息一样自然；外来的控制和处罚并不是使人们为实现组织目标而努力的唯一方法，人们对自己所参与的目标，能实现自我指挥和控制；人对目标的承诺是同他们的成就相联系的一些报酬的函数，此类函数中最有意义的，是自我满足和自我实现需要的满足，是努力去完成组织目标的直接成果；人不仅是经济人，还是社会人，人在追求不断满足的同时，不仅不逃避责任，反而会谋求重任。在适当的条件下，一般人是能主动承担责任的，不愿负责、缺乏雄心壮志并不是人的天性；在解决组织的困难问题时，大多数人都能发挥出高度的想象力、聪明才智和创造性；在现代社会条件下，一般人的智能潜力只是部分地发挥出来。

因此，在Y理论条件下管理人员应采取的管理方式是：管理者的重要任务是创造一个使人得以发挥才能的工作环境，发挥出职工的潜力，并使职工在为实现组织的目标贡献力量时，也能达到自己的目标；管理者的角色已不是指挥者、调节者或监督者，而是起辅助者的作用，给职工以支持和帮助；所采用的激励方式是给员工更多的信任、更多的职责和自主权，实行员工的自我控制、自我管理、参与决策、分享权力，即对员工的激励主要是来自工作本身的内在激励，让他担当具有挑战性的工作，担负更多的责任，促使其在工作中做出成绩，满足其自我实现的需要；在管理制度上给予工人更多的自主权，实行自我控制，让工人参与管理和决策并共同分享权力。

总体来说，麦格雷戈在《企业的人性方面》中所创立的"X理论－Y理论"正如许多西方管理学家所说，是从根本上改变了对组织中的人的看法。他强调人的潜在能力，重视人性的成长，提高了工业社会中人的作用。可以说，他的观点对西方传统的"以物为中心的管理"提出了真正的挑战，并充分论证了"以人为中心的管理"，因而他的管理思想在西方管理思想史上占有十分重要的地位。

内容梗概 ·······

本书由3大部分（共计16章）构成：管理的X理论与Y理论假设；Y理论的实践；管理才能的发展。现据原书结构将其主要观点阐述如下：

一、X理论与Y理论

在这一部分,麦格雷戈对传统的管理理论和管理新理论进行了总结,这就是著名的 X 理论和 Y 理论。这一部分是该书的核心，其主要思想都在此得到阐述。

麦格雷戈把传统管理观点称作 X 理论。X 理论由下述 8 条对人性的传统假设而构成：

（1）为了经济的目的，管理部门要负责把生产性企业的各项要素组织起来，比如货币、物资、设备与人员。

（2）就人员方面而言，就是一个指挥他们的工作、激励和控制他们的活动、调整他们的行为以满足组织需要的过程。

（3）假如不通过管理部门的积极干预，人们会对组织需要采取消极的甚至对抗的态度。所以，必须对他们进行劝说、奖励、惩罚、控制，即必须指挥他们的活动，这就是管理部门的任务。人们往往把这个意思概括为一句话，管理就是通过别人来完成事情。

（4）他们缺乏雄心壮志，不愿承担责任，宁愿被人领导。

（5）一般人生性懒惰，尽可能地减少工作。

（6）他们天生就以自我为中心，对组织需要漠不关心。

（7）他们轻信而不明智，易于被骗子和野心家蒙蔽。

（8）他们的本性就是反对变革。

在麦格雷戈看来，这种 X 理论在美国的各个工业部门都有着非常广泛的影响。从这种人性的假设出发，便产生了传统管理的以处罚为手段的严格管理，以奖赏为手段的温和管理，以及以两者的折中为特征"严格而公平"的管理。这些管理策略和方法或者以"蜜糖"为诱饵，或者以"皮鞭"相威胁，都是企图通过外力的刺激来提高职工的工作热情。但是，这些管理策略与方法都难以奏效了。他借用马斯洛的需求层次理论，指出"蜜糖"加"皮鞭"式的管理策略只对低层次需要未获满足的人有效，对于自尊、自我实现等高层次需要未获满足的人就无效了。所以，在现代社会条件下，随着科学技术的发展，生理需要和安全需要都已得到相当程度的满足，再想用 X 理论导出的"蜜糖"加"皮鞭"式的管理方式来激发职工的工作热情，明显是做不到的。并且，在他看来，假如管理的人性假设没有变，即使有时采用了分权的目标管理、协商的监督、"民主的"指导等新的管理策略，那也只能说是换汤不换药。

管理部门提供了满足生理需要和安全需要的条件这一事实，已经使激励的重点转移到社会需要和自我需要上。除非在工作中存在着满足这些较高层次的机会，否则人们就会感到欠缺，而他们的行为就将反映出这种情况。在这种社会条件下，如果管理部门继续把注意力集中于生理需要，其努力必然是无效的。在这种情况下，人们将不断地要求得到更多的金钱。虽然优质产品和服务对这些受限制的需求只能提供有限程度的满足，人们仍然认为购买产品和服务将比任何时候都更为重要。也就是说，虽然在满足许多高层次需要方面金钱只具有有限的价值，但是如果它是唯一可得到的手段，它就可能成为注意的中心。

麦格雷戈指出，在所有的激励理论中都承认某种形式的"胡萝卜"可以诱发人们的积极性，"胡萝卜"通常是用工资或奖金形式出现的金钱。即使金钱不再是唯一的激励力量了，但它过去是，而且将来会继续是一种重要的激励因素。担心的倒是用金钱作为"胡萝卜"的方法，这种做法通常是不顾工作业绩，每个人都得到一根"胡萝卜"，如：按年资提薪和升级、定期论"功"加薪，而且高级主管人员的红利也不是依据主管人员个人的业绩。

麦格雷戈进一步指出，一旦人们已达到了适当的物质生活水平并主要是受到较高层次需要的激励时，"胡萝卜"加"大棒"的方法就完全不起作用了。管理部门不可能给个人以自尊、他人的尊重或其他自我实现需要的满足，但可以创造出一些条件来鼓励个人自己寻求这些需要。管理部门也可以用不提供这些条件来使个人不能得到这方面的满足。这种条件的创造并不是"控制"，控制不是对行为进行引导的好办法。这样，管理部门就发现自己处于一种独特的处境。现代的科学技术创造的高生活水平已使得生理需要和安全需要得到了较好地满足。唯一的重要例外是，管理措施没有造成一种对"公平机会"的信心，因而使安全需要未能得到满足。但是，由于提供了满足较低层次需求的可能性，管理部门使得自己再不能应用传统理论所讲的各种办法来作为激励因素，诸如报酬、许诺、刺激、威胁或其他强迫手段。

基于以上原因，道格拉斯·默里·麦格雷戈认为有必要建立一个新理论，这个新理论就建立在对人的特性与人的行为动机的更为恰当的认识基础上。由此他提出了Y理论。Y理论基于下述对人性的假设之上：

（1）在工作中消耗体力和智力的努力像游戏或休息一样自然。一般的人并非天生就厌恶劳动。

（2）外部控制和惩罚的威胁不是使人们努力实现组织目标的唯一手段。人们在自己对目标负有责任的工作中能够实现自我指挥和自我控制。

（3）对目标负有责任是与成绩联系在一起的报酬的函数。其中，最重要的报酬，如自我意识和自我实现需要的满足，是努力实现组织目标的直接产物。

（4）在适当条件下，一般人是不仅能够学会接受责任，而且能够学会主动承担责任。逃避责任、缺乏进取心、强调安全感一般来说是经验的结果，不是人的天性。

（5）在解决组织问题方面，多数人而不是少数人具有发挥想象力、独创性和创造力的能力。

（6）在现代工业生活条件下，仅仅部分利用了一般人的智力潜能。

麦格雷戈指出，传统的组织理论与过去半个世纪的科学管理学派的理论不同，它们把人们束缚在有限的工作上，让人们不能利用自己的能力，不愿承担责任，造成被动，工作便失去了意义。在这样的环境中，个人对作为一个工业组织的成员的全部概念，比如习惯、态度、期望等都受到其他经验的制约。在目前的工业组织中，人们习惯于受指挥、操纵与控制，而在工作之外去寻求社会的、自我的和自我实现的需要的满足。很多工人都是如此，管理人员也是如此。此外，人的激励来自人的本性。人是一个有机的系统，而不是一个机械的系统，一个人有了各种"能"的输入，包括阳光、食物与水分等，便能产生"行为"的输出，包括人的智力活动、情绪的反应，以及其他种种活动。而影响行为的变量不仅有人的个人特性，还有环境的特性。所谓激励，就是使人的特性与环境的特性建立起适当的联系，以使其能产生管理者所预期的行为。所以，麦格雷戈认为对于管理者只要创造出某种适当的环境，就能有效地引导员工的行为，实现其服务于组织的目的。

二、Y 理论的实践

在这一部分，麦格雷戈着重研究如何实施 Y 理论，并总结了当时已有的一些与 Y 理论相似的创新思想在应用上取得的成果。

麦格雷戈将 Y 理论称为"个人目标与组织目标的结合"，认为它能使组织的成员在努力实现组织目标的同时，最好的实现自己的个人目标。所以他认为关键不在于对采用管理方法的选择，而在于管理的指导思想的转变，即将 X 理论变为 Y 理论。这两种理论的区别在于，是将人们当作小孩看待，还是把他们当作成熟的成年人看待。思想认识的转变就会导致管理方法的变化。

Y 理论的实施方法主要有：

（一）使职工对其工作成绩进行自我评价

这是从 Y 理论出发引出的在工作组织方面的一条重要原则。以 X 理论为出发点的传统的组织方式强调外加的控制，以 Y 理论为出发点的行为科学的组织方式则强调，要使一个工作集体有更大的自主性，能进行自我控制，并具有内在奖励作用，这样，就可以使工作集体的领导人在更大的范围内发挥他的知识和经验，使管理者和技术人员能创造性地提出管理措施，使之更为有效。另一方面，这种自主性还易于激起每个集体成员学习的愿望和提高效率的积极性。总之，自我控制的原则适应了人们追求自主、自尊、自我发展等特性的要求，因而有助于发挥人们的潜在能力。

此外，在以 X 理论为出发点的传统管理方式下，每个职工的工作成绩都是由其上级给予评价的。在这种方式下，每个职工似乎都像一种产品，只能接受别人的检验，使他们的主动性和自尊心受到挫伤。以 Y 理论为出发点的行为科学管理方式则与此相反，主张由职工自己制定目标，并对工作成绩进行自我评价。这种管理方式加重了职工的责任，能更好地满足其自主、自尊和自我实现的需要，因而能激励他们充分发挥自己的才能，有利于目标的实现。

（二）权力下放

这是将人们从传统组织的严密控制中解脱出来的方法。这种方法给人们一定程度的自由来支配他们自己的活动，并承担责任。更为重要的是，可以满足他们的自我实现的需要。西尔斯·罗巴克公司的管理层次很少的扁平形组织结构就是一个很有趣的例子。该公司用某种带强制性的办法来推行"目标管理"，即扩大由经理直接领导的下级管理人员的人数，直到使经理无法继续按传统的方法去指导和控制他们的业务，只好实行分权与授权的目标管理。组织的职权是授予人们运用其判断做出决策和发布指示的自由处置之权。分权是在组织结构中把决策的职权进行分散的趋向。在整个组织中，职权应在多大程度上集中或分散？有可能存在一个人独揽大权的绝对集权，但这意味着无下属管理人员，因此也就是无结构的组织。但另一方面也可能存在绝对的分权，因为如果管理人员把他们的职权全部下放，他们作为管理人员的身份将不复存在，他们的职位也就此取消，这样也就不存在组织。所以麦格雷戈认为分权和集权是两种倾向。

（三）参与或协商式管理

从有机的能动的人性观出发，人与环境的关系是相互影响的，而不是单向的。而且，不仅是职工之间是有来有往、相互影响的关系，在领导者与下属人员之间，同样是有来有往、相互影响的关系。当管理者选择了一种管理策略之后，必须会在他的下属人员的行为上产生某种反应。这样，他就可以从下属人员的行为中，觉察出他所选择的策略是否适当，进而觉察出他对人性的看法是否适当。聪明的管理者应当从下属人员对他选择的政策、措施的反应中，找到管理上存在的问题，借以改进自己的工作。麦格雷戈认为，实行"参与制"的目的，不仅在于能使职工对与自己有直接影响的决策保留某些发言权，从而能满足他们自主、自尊、自我实现的需要，而且还在于从这里可以引出影响力的交感，使领导者与下属成员相互理解，从而能顺利地贯彻下去。

（四）扩大工作范围

这是一种鼓励处于组织基层的人承担责任，并为满足职工的社会需要和自我实现需要提供机会的方法。实际上，在工厂实行改组，扩大工作范围时，就提供了很大的机会来开展与 Y 理论一致的创新活动。

（五）其他方法

其他方法包括改善职工关系，创造良好的管理气氛，合理利用奖酬和提升机会等，这里主要介绍一下重视内在报酬和实施诱导方式两种方法。

1. 重视内在报酬

麦格雷戈把管理措施具有的报酬分为"内在的报酬"与"外在的报酬"。所谓"内在的报酬"是指工作本身带来的报酬，而不是管理当局外加的报酬，因此，这种报酬是与人们从事的工作分不开的。人们只有在从事这种工作的过程中，才能体会到这种报酬，从中得到满足。所谓"外在的报酬"，是指管理部门外加的报酬，而不是工作本身带来的报酬。麦格雷戈认为，支持 X 理论的人都强调外在报酬，而忽视内在报酬，他们对人性都持有一种机械的观点，认为人只有在外力的推动下才肯努力工作。然而，从 Y 理论的观点看来，当人们不必为获得生活必需品和维持一定程度的安全而耗费过多的精力时，则人的本性便是要追求较高层次的需要。因此，管理当局的责任就在于为职工创造一个适当的组织——一个容许和鼓励每个职工都能从工作中争取内在报酬的环境，使他们能够从对企业成功的贡献中获得这些高层次需要的满足。只有这样，才符合人的本性，才能开拓人的知识、技能和创造力的源泉。

2. 实施诱导方式

麦格雷戈认为，权力实质上只是一种影响力。管理者行使权力有时是直接的（命令式），有时是间接的（诱导式）。由于人都有寻求需要的满足这种特性，因而最适当的管理方式是创造一种能满足人的需要的组织环境，借以影响或诱导其为组织的目标服务。具体来说，诱导方式主要是通过设立适当的组织目标，使其同职工个人目标一致。这样，人们只要认清了这一目标，并对实现目标有了承诺，就会承担起责任，并在工作中自我控制，充分地发挥出创造力，为实现其所承诺的目标而全力以赴。因此，要设法使组织目标对职工具有强烈的吸引力；但它同外在的报酬也并非无关，不过，外在报酬的激励又同其是否从中获得公平感有密切关系。

三、成功的管理者

麦格雷戈对有关成功的管理者问题的早期研究充分体现在这部分内容里。其重点是，什么才是成功的管理者以及如何发展管理者的才能问题。实际上，前两部分已在理论上做出了回答，这里通过具体的分析加深了对这些问题的了解。在对领导人员进行了分析之后，提出了管理发展的程序问题。他指出，企业中的经济、技术特性以及企业的组织结构、政策与实践的影响都是管理发展过程中的重要因素，成功的管理者就善于从这些因素中寻找那些适合企业职工特性的发展因素。而所谓管理的技能却是多方面的，如手工技能、解决问题的能力、社会活动能力。这些能力能通过培训而获得，然而主要还是需要在工作实践中去获取，并且只有通过实践才有可能积累成功的经验。

麦格雷戈最后对领导者群体进行了分析，他认为由于领导者之间的相互关系构成了这种群体，而这种群体对领导的效能是一把双刃剑，这就需要领导者合理而谨慎地掌握这种群体的关系。

精彩语录

（1）为了经济的目的，管理部门要负责把生产性企业的各项要素组织起来，如货币、物资、设备和人员。就人员方面而言，就是一个指挥他们的工作、激励和控制他们的活动、调整他们的行为，以满足组织需要的过程。

（2）在一个极端，管理人员可能是"严厉的"或"强硬的"。指挥人们行为的方法包括强迫和胁迫（常常伪装起来），严密监督，对行为紧密控制。在另一极端，管理人员可能是"温和的"或"软弱的"。

指挥人们行为的方法包括宽容，满足人们的要求，以及相安无事。那样，人们就会易于控制，接受领导。

（3）X理论在美国的各个工业部门都有着广泛的影响。从这种人性假设出发，产生了传统管理的以处罚为特征的管理、以奖赏为手段的温和的管理，以及以两者的折中为特征的所谓"严格而公平"的管理。这些管理策略和方法或者以"蜜糖"为诱饵，或者以"皮鞭"相威胁，都是企图通过外力的刺激来提高职工的工作热情。然而，这些管理策略和方法现在都难以奏效了。

（4）Y理论的基础是关于人性和人类动机的更恰当的假设。一般人并非天性好逸恶劳，人们从事脑力劳动和体力劳动如同休息和游戏一样，都是人的天性，如果环境适当，工作同样是人们取得满足的源泉。

（5）一旦人们已达到了适当的物质生活水平并主要是受到较高层次需要的激励时，"胡萝卜"加"大棒"的理论就完全不起作用了。管理部门不可能给个人以自尊、他人的尊重或寻求这些需要的其他满足，但可以创造出一些条件来鼓励个人为自己寻来这些需要的满足。管理部门也可以提供这些手段对他进行控制。

推荐阅读

《以人为本》的作者是美国管理学者加里·海尔，本书是近年来流行的管理书籍，全书重新强调麦氏的持久影响力，同时又以新的概念、新的战略和最近的实践等新资料升华了麦氏的思想，描述了麦氏的理论对于今日经理们的价值。彼得·德鲁克评价本书时说："这部重要的书把麦氏的思想应用于当代商务世界，再一次证明了工作的人事方面对于组织的效率是至关重要的。"关于如何能够改变个人想法，并把麦氏的思想贯彻于自己的商务和工作场所之中，本书也提出了不少积极的建议。

《职业的经理》一书是麦格雷戈的又一知名著作，在麦格雷戈去世后于1967年出版，书中处处显示出麦氏的智慧，同样以其严谨而积极的态度来描述管理者的工作，来观察激励的真相。

《管理决策的新科学》

关于作者 ·······

赫伯特·西蒙是美国管理学家和社会科学家，是决策理论学派的创始人之一，他由于"对经济组织内的决策程序所进行的开创性研究"而获得1978年诺贝尔经济学奖，并被称为"决策理论的奠基人"。

1916年，西蒙出生于美国威斯康星州密尔沃基，他早年就读于芝加哥大学，1943年获得博士学位。在其85年的生命历程中，他的研究涉及了政治学、经济学、管理学、社会学、心理学、运筹学、计算机科学等众多领域，在每一领域中都有相当深厚的造诣。西蒙曾于1958年获得了美国心理学会颁发的心理学领域最高奖——心理学杰出贡献奖；1978年获得了诺贝尔经济学奖；1974年获得了计算机科学最高奖——图灵奖；1995年在国际人工智能会议上被授予终身荣誉奖；曾任卡内基－梅隆大学计算机科学与心理学教授。在当代科学史上，西蒙留下了光辉的一页。

西蒙一生著述甚丰，他的主要著作有：《管理行为》（1945年）、《公共管理》（1950年，与史密斯伯格等合写）、《人的模型》（1957年）、《组织》（1958年，与马奇合写）、《经济学和行为科学中的决策理论》（1959年）、《管理决策新科学》（1960年）、《自动化的形成》（1960年）、《人工的科学》（1969年）、《人们的解决问题》（1972年，与纳斯维尔合写）、《发现的模型》（1977年）、《思维的模型》（1979年）等。

他在《管理行为》（1976年第3版，副标题"管理性组织决策过程研究"）、《组织》和《管理决策新科学》等书中对决策过程进行了深入的讨论，形成了系统的决策过程理论。包括《管理决策新科学》在内的许多著作成为商学院学生的必读参考书。

西蒙在管理学方面研究的主要是生产者的行为，特别是当代公司中的组织基础和心理依据。他倡导的决策理论，是以社会系统理论为基础，吸收古典管理理论、行为科学和计算机科学等内容而发展起来的，西蒙由此成为西方决策理论学派的创始人之一。西蒙在经济组织内的决策程序上所进行的开创性的研究成果，已经得到了西方管理学界的普遍承认和高度评价，成为在管理理论上进行跨学科研究并取得重大成就的成功范例，而且其研究成果被广泛地应用于现代社会各行业的决策领域中。

关于本书 ········

《管理决策新科学》是西蒙的代表作，是以他在纽约大学的一系列演讲稿为基础写成的。在本书中，西蒙不仅阐述了管理决策过程以及计算机对管理决策过程所起的作用，而且还说明了他在这些问题上是怎样得出各种结论的。

西蒙认为，决策贯穿管理的全过程，决策程序就是全部的管理过程，组织则是由作为决策者的个人所组成的系统。全部决策过程是从确定组织的目标开始，随后寻找为达到该项目标可供选择的各种方案，比较并评价这些方案，进行选择并做出决定；然后执行选定的方案，进行检查和控制，以保证实现预定的目标。

本著作具体分析了管理决策的各个方面：

（1）关于管理决策的过程。

（2）关于决策的类型。

（3）关于制定决策的系统。

（4）关于管理人员在决策中的作用。

关于决策的性质，西蒙认为，绝大多数的人类决策是"满意"的而非"最优"的决策。不管是个人的还是组织机构的决策，都是属于寻找和选择合乎要求的措施的过程，这是因为寻找最优化措施的过程比寻找一个令人满意的措施的过程要复杂得多。最优化决策措施的首要条件是存在完全的理性，而现实中的人或组织都只是具有有限度的理性。西蒙在其著作中阐述的管理理论所关注的焦点是：人的社会行为的理性与非理性方面的界限。他的管理理论是关于完全理性和有限理性的一种独特理论，是关于那些因缺乏寻求最优的才智而转向寻求满意的人类行为的理论。

西蒙对于决策过程的理论研究工作是开创性的。西蒙在管理学上的第一个贡献是提出了管理的决策职能。西蒙提出了决策为管理的首要职能这一论点之后，决策才为管理学家们所重视，今天决策理论枝繁叶茂，与西蒙对这个领域的开创性贡献是分不开的。西蒙对管理学的第二个贡献是建立了系统的决策理论，并提出了人类"有限度理性行为"的命题和"令人满意的决策"的准则。西蒙是管理方面唯一获得诺贝尔经济学奖的人，他的理论目前已经渗透到管理学的各个领域，成为现代管理理论的基石之一。由于现代企业和现代技术的发展，组织的特征已经发生了根本性变化，决策的重心正在由高层向低层转移，尽管如此，西蒙的决策理论仍然是我们理解人类行为的钥匙。

内容梗概 · · · · · · ·

一、管理决策过程

从广义上讲，决策同管理是同义的。人们通常对"决策制定者"的形象描绘得过于狭窄，认为他是一位能在关键抉择时刻，在十字路口选定最佳路线的人。这种看法，忽略了决策的完整的全过程，忽略了最后时刻之前的了解、调查、分析的复杂过程以及此后的评价过程。

作为决策制定者的经理，其决策制定包括 4 个主要阶段：

1. 找出制定决策的理由

在这一阶段，探查环境，寻求要求决策的条件，即进行"情报活动"。

2. 找到可能的行动方案

即创造、制定和分析可能采取的行动方案，可称之为"设计活动"。

3. 在各种行动方案中进行抉择

即从可资利用的各种方案中选出一条具体的行动方案，这可称之为"抉择活动"。

4. 对已进行的抉择进行评价

其可称之为"审查活动"。

抉择是否正确，抉择实施的效果如何等一系列后续问题是第四阶段要处理的事情。一般说来，"情报活动"先于"设计活动"，而"设计活动"又先于"抉择活动"。但是，阶段循环比上面所讲的要复杂得多。制定某一特定决策的每个阶段本身就是一个复杂的决策制定过程。

例如，设计阶段可能需要新的情报活动，而任何一个阶段中的问题又可能引发出若干次要问题，这些次要问题又有各自的情报、设计和抉择阶段等。这就是说，大圈套小圈，小圈之中还有圈。但随着组织决策过程的展开，这3个阶段就能清楚地被分辨出来。这同解决问题的各个步骤相联系，即：问题是什么？问题答案是什么？哪个问题答案最佳？

杰出的经理即决策制定者的诞生是由于本人具有天赋（包括智慧、精力和某种与人共事的能力），依靠实践、学识和经验，将其天赋发展为成熟的技能。情报、设计、抉择等项活动所包括的技能是可以学会的。

经理的职责不仅包括本人制定决策，也包括负责使他所领导的组织或组织的某个部门有效地制定决策。他所负责的大量决策制定活动并非仅是他个人的活动，而且包括他的下属人员的活动。

二、管理决策的类型

西蒙把组织的决策划分为两种类型：程序化决策与非程序化决策。

（一）程序化决策

程序化决策是指对重复出现的例行活动制定的决策。由于它是反复出现的活动，人们可以从实践经验中找到它的规律性，因而可以制定一套例行的程序加以解决，而不必每次出现都重新进行决策。

无论是企业或其他组织，都应当努力提高组织决策的程序化程度，主要由以下两点原因：

（1）决策的程序化能加强组织的控制系统。例如，企业制定出一套标准作业程序，并使之同奖惩制度联系起来，就可以有效地控制每个职工的作业。

（2）决策的程序化能加强组织的协调系统。例如通过制定适当的程序，就可以保证工作集体内部成员之间乃至各个集体之间在活动的方式和节奏上协调一致，从而保证整个组织活动的正常进行。

（二）非程序化决策

就一个企业来说，对一切带有创新性质的经营管理问题的决策都属于非程序化决策。非程序化决策是指对第一次出现的、其性质和结构还不清楚的活动进行决策。对这类活动进行决策，应当按照一般的决策过程，首先进行调查研究，并依次经过决策过程的各个阶段来完成。而当这种类型的问题反复地出现，它的决策也会逐渐程序化、例行化。进行非程序化决策虽然没有先例可以遵循，但是，人们对它也不会束手无策，而可以借用原有的知识、手段进行处理。

西蒙说："它们并非截然不同的两类决策，而是像光谱一样的连续统一体；其一端为高度程序化决策，而另一端为高度非程序化的决策。我们沿着这个光谱式的统一体可以找到不同灰色梯度的各种决策。而我采用程序化和非程序化两个词也只是用来作为光谱的黑色频段与白色频段的标志而已。"其实，"世界大都是灰色的，只有少数几块地方是纯黑或纯白的"。这也就是说，无论是程序化决策，还是非程序化决策，都只是相对而言的。

上述两种不同类型的决策，需要采用不同的技术加以处理。而且，在这两类决策的处理技术中，传统式的方法与现代式的方法也不相同。西蒙把这两类决策的制定技术归纳如下表。

程序化与非程序化决策处理技术表

决策制定技术 ╲ 决策类型	传统式技术	现代式技术
程序化决策	1. 习惯 2. 事务性常规工作：标准操作规程 3. 组织结构：普通可能性；次目标系统；明确规定的信息通道	1. 运筹学 2. 电子数据处理
非程序化决策	1. 判断、直觉和创造 2. 经理的筛选和培训 3. 概测法	探索式问题解决技术适用于：培训决策制定者编制探索式计算机程序

制定程序化决策的传统方式由于新的数学技术的研制和广泛的应用而发生了革命。这种新的数学技术就是"运筹学"和"管理科学"。这些数学工具虽然在逻辑上与计算机无关，但它们在实际应用时要做大量的运算。因此，只有在电子计算机应用后，它们才能充分发挥作用。

企业里制定非程序化决策的传统方式——包括大量的人工判断、洞察和直觉观察——还未经历过任何较大的革命。但在某些基础研究方面正在形成某种革命，如探索式解决问题、人类思维的模拟等。

人们对非程序化决策制定问题的日益理解将在管理方面引起两种十分不同的变化。一方面，这种理论将为非程序化问题领域内决策制定过程的某些方面的自动化开拓出新的前景，如同运筹学使程序化决策制定的某些方面实行自动化一样。另一方面，通过使人们深刻地洞察人类思维过程，这种理解将提供新的机会，特别是通过教育和训练来增进一般人，尤其是经理们在困难的结构不良的复杂环境中制定决策的能力。

三、组织设计：制定决策的"人－机系统"

自动化方面的进步和人类决策方面的进步可以把组织中人的部分和电子的部分结合起来构成一种先进的"人－机系统"。而且，这种系统可以逐渐普及，工厂和办公室都可以变成一个复杂的"人－机系统"。西蒙认为，人与机器的关系将日益变成一个设计课题，而且这个设计课题的重要性与设计人与人之间的关系的系统一样重要。

（一）信息丰富的环境

建立"人－机系统"第一个优势就是可以克服知识和信息的不足。首先是通过分工，使组织的每个部门只限于掌握与本部门决策有关的知识和信息。在进行决策时，还可以只考虑与本部门决策关系密切的可变因素及其结果，即要求决策者弄清哪些是重要的因素，哪些是不重要的因素，从而大大缩小知识和信息的探索范围。其次是通过设立专门的职能部门来收集和处理各方面的有关信息，从而克服个人知识和信息的不足。同时，通过建立信息系统，使有关知识和信息能迅速传递给决策者。

西蒙着重强调："关键性的任务不是去产生、储存和分配信息，而是对信息进行过滤，加工处理成各个组成部分。今天的稀有资源不是信息，而是处理信息的能力，虽然现代信息系统最显而易见的部件是打印、传输和抄写等部件，它们可吐出大量的信息；但真正关键的部件却是那个保护我们不受大量符号流冲击的复杂的处理机。"

（二）组织的等级结构

西蒙把组织比喻成一块三层的蛋糕：最下一层是基本工作过程，在生产性组织里，指取得原材料、生产物质产品储存和运输的过程；中间一层，是程序化决策制定过程，指控制日常生产操作和分配的系统；最上一层是非程序化决策制定过程，这一过程要对整个系统进行设计和再设计，为系统提供基本的目标，并监控其活动。数据处理和决策制定的自动化将不会改变这个基本的三层结构。自动化通过对整个系统进行较为清晰而正规的说明，将使各层次之间的关系更为清楚而明确。

西蒙认为组织的基本分层等级结构会持续下去，不会因为新的计算机技术和决策制定的自动化的发展和选取的方向而消亡。

（三）集权和分权

随着决策过程变得日益清晰，以及各组成部分越来越多地被移植入计算机程序，各组织层的决策及其决策分析变得越来越可以移位了。由于来自组织中或组织外的各种信息源的信息、目标依据和限制条件，可为分析过程提供输入，决策制定的区域较之过去更为分散广阔了。组织等级结构仍是控制该过程的重要结构，但是越来越多的决策信息流将穿越正式组织结构的界线，具有很大相互依赖性的决策，不再经常是独立地来制定了。就这个意义讲，集权是增多了。但是，与此同时，通过给决策提供信息和依据，决策中的参与活动即分权化倾向是更广泛了。

（四）权限和职责

在自动化系统内，日常决策需要的人工干预将越来越少。管理人员的主要职责是对决策系统进行维护和改进，以及激励和培训其下属人员。基层的管理工作将仅是管理工作的一小部分。管理人员将像任务小组的成员那样，把大部分时间和精力用于分析和设计政策，以及执行这些政策的系统上。

随着自动化的实现，虽然对基层管理工作的需要较少，但对自动化决策和规划系统进行设计和维护的参谋性作业却需要中层管理人员。而参谋单位的增长是以直线单位为代价的，所以中层管理人员，并未如有些人预料的那样大大减少。

（五）信息系统和规划

设计管理信息系统的最初工作开始于可用的数据，而不是开始于所要制定的决策。但是，目前的各种管理信息系统，往往更受组织中下层管理人员的重视而较少受到上层管理人员的重视。这是由于，高层管理人员必须将其注意力集中于组织外部。对高层管理人员有重要意义的信息系统，是那种从外部信息源收集和筛选信息并有助于进行战略决策的信息系统。

（六）新型组织的描述

对照现在人们所熟悉的组织可以看出，新型组织有很多与之相似之处：

（1）将来的组织仍然是由 3 个阶层所构成的，一层是物质生产与分配过程的系统；一层是支配该系统的日常作业的程序化决策过程（可能是大规模自动化的）；一层是控制第一层过程并对之进行重新设计和改变其价值参数的非程序化决策过程（在"人－机系统"内实现的）。

（2）将来组织的形式仍将是阶层等级的形式，组织将分成几个主要的次部门，各次部门又将分成更小的单位，以此类推。这与今日的部门化很相似。但是划分部门界线的基础可能会多少有所变化，产品部门将变得更为重要，而采购、制造、工程和销售之间的明确界线将逐渐消失。

四、信息技术的经济影响

任何技术和生产力的水平与任何就业水平都是可以适应的，包括充分就业在内。我们今天所面临的问题不会使我们从高等技术倒退下来，但会使持续的技术进步的本质发生根本的质变。为了人类生产力将来的增长，我们将更多注意信息处理技术而不是能源技术。由于资源的限制和由于对日益增长着的实际收入的要求形态的转变，劳动力中将有比现在更大比例的人来从事服务行业，而只有一小部分的人将从事物质生产。

信息处理技术是如何更有效地获得和使用知识的知识。现代化的设备——例如那些使我们能检测空气中、水中和食物中微量污染物的设备——把我们行为中的后果告知我们，而以前我们是不知道的。应用于能源和环境系统模型的电子计算机，为我们描绘出了我们社会的某一部分所采取的行动对其他部分所产生的间接影响。信息处理技术正促使我们所有的人重视过去很少使我们关心的、在一段时间距离和空间距离以外的、我们行为的后果。它正在把保护我们后代和我们自己的责任寄托于我们——或许是强加于我们身上。人类的道德观念和要求也正在因新技术、新知识的增加而被重新定义。

导致人类痛苦的因素有很多，其中就包括承担新的责任。或许，我们可以自认为真的没有问题了而得到宽慰，但我们却越来越意识到了什么是存在的问题。信息处理技术在这种认识的产生中，以及在提供处理这些问题的新方法方面，都起着重要作用。管理决策的科学和它所依赖的信息处理技术，对于我们的每个人都具有重大的意义。

精彩语录

（1）决策并不是在几个备选方案中选择最佳方案，而是管理中无时不存在的一种活动，它本是一个过程，这个过程是循序渐进的。

（2）如果我们要想使一个有机体或一个机械在复杂而多变的环境中工作得很好，我们可把它设计成适应性强的机械，使它能灵活地满足环境对它的要求。

（3）企业组织正在变成并不断在变成高度自动化的人－机系统，而管理的性质当然受被管理的人－机系统的特征所限制。

（4）工业革命之所以成功，是因为它呈现出一种阶梯式的成长。后人在前人的发明上不断地突破并积累，使人类的科技进步如同砌砖一样，逐步达到了20世纪的高水平。

（5）传统理论中的"经济人"是有完全理性的，这在现实中是不存在的，更不存在完全前后一致的偏好系统，人们不可能在若干不同的方案中自由地选择，以获得最大的利润。

（6）集体与组织对决策有重要影响，经理的职责不仅包括本人做出决策，也包括负责使他们所领导的组织或组织中某个部门能有效地做出决策。

推荐阅读

《管理行为》在西蒙的众多学术著作中，是又一部能够反映其学术思想和观点的重要代表作，本书被誉为"半个世纪以来的经典著作"，它是社会科学思想方面最具影响力的著作之一，被诺贝尔奖评审委员会称为"具有划时代的意义"。《管理行为》为管理学在组织管理层中奠定了科学性基础。西蒙本人认为，《管理行为》主要是为组织观察者和组织设计者撰写，由于每个人大部分时间都是在组织环境中度过的，差不多都有资格成为组织观察者，因此，本书序言介绍中写道："这本书适合所有人阅读，因为它在与所有人都有关的组织问题上，提出了一种积极思考的方式。"

《有限理性模型》是西蒙关于决策理论研究的另一著作。本书中，西蒙根据对心理学的深入研究，以有限理性理论与满意性原则代替传统的完全理性和最优化原则，使管理决策大大实用化。他从理论上论证了只假定人的有限理性，采取满意性原则，市场自动平衡的机制仍然成立。这一理论具有非常重要的应用价值。

《管理的新模式》

关于作者 ....

伦西斯·利克特（1903 年~ 1981 年）是美国现代行为科学家，他对管理思想发展的主要贡献在于对领导理论、激励理论和组织理论的研究工作。

利克特在美国密执安大学获得文学学士学位，于哥伦比亚大学获得理学博士学位。他是在领导学和组织行为学领域卓有影响的密执安大学社会研究所的创始人和首任领导者，其对管理思想发展的主要贡献主要在领导理论、激励理论和组织理论等方面。他的主要著作包括《管理的新模式》（1961 年）、《人群组织：它的管理及价值》（1967 年）以及《管理冲突的新途径》（1976 年，与人合作）等。

利克特的管理新模式以密执安大学社会研究所自 1947 年以来进行的数十项研究成果为依据，总结了美国企业经营管理环境的变化趋势和部分成绩出众的管理特点，提出了一种"新型管理原则"，并且比较系统地阐述了"支持关系理论"和以工作集体为基本单元的新型组织机构。在此基础上，利克特于 1967 年提出了领导的四系列模型，即把领导方式分为 4 种类型：剥削式的集权领导、仁慈式的集权领导、协商式的民主领导和参与式的民主领导。他认为只有第 4 种类型——参与式的民主领导才能实现真正有效的领导，才能正确地为组织设定目标和有效地达到目标。

这些研究成果后来写进了《管理的新模式》和《人群组织》两部著作当中。

关于本书 ·······

　　《管理的新模式》一书是利克特早期的重要著作，该著作中所提出的新型管理原理成为实践中被广泛应用的理论。

　　《管理的新模式》一书总结了美国企业经营环境的变化趋势和部分成绩出众的企业管理特点，提出了一种"新型管理原理"，并且比较详细系统地阐述了"支持关系理论"和以工作集体为基本单元的新型组织机构。书中提出的"支持关系理论"显示出强大的生命力，其原因在于理论源于企业管理实践的研究，更在于利克特始终坚信并坚持的"管理以人为中心"。

　　利克特认为，在所有的管理工作中，对人的领导是最重要的中心工作，其他工作都取决于它。各个企业，即使是同一行业的企业，既有生产率高的，也有生产率低的，造成这种生产率差异的原因是各企业领导人所采用的领导方式不同。生产率高的企业采用的是以职工为中心的领导方式，管理人员强调的是工作中的人际关系，只进行"一般性的"而不是"严密的"监督，结果不但生产率较高，而且团体中的凝聚力高、士气高，职工中情绪不安者少、跳槽者少。生产率低的企业采用的是以工作为中心的领导方式，管理人员注意的是生产，他们对工作的技术方面更感兴趣，对职工监督过于严密烦琐，往往对职工施加不必要的压力，对琐碎的事情横加指责，动辄予以批评和处罚。结果，团体的凝聚力低、士气低，职工中情绪不安者多、跳槽者多，因而生产率也较低。

内容梗概 ·······

一、高效企业的特征

　　高效企业主要有以下 3 个特征：

　　（一）注重以人为中心

　　利克特在对一些生产效率不同的企业中的大量员工进行调查之后，

总结得出，在所有的管理工作中，对人的管理是最重要的，其他工作都是在这一基础上进行的。管理的核心问题是如何领导和管理人，而各企业领导人所采用的领导方式的不同，是造成企业间生产率不同的主要原因。生产率高的企业采用的是以人为中心的领导方式，管理人员很重视工作中的人际关系，只进行"一般性的"监督，很小心地不让职工产生逆反心理。其结果是团体中凝聚力高、士气高，职工都很愿意在这样的团体中工作，很少发生跳槽现象。而那些生产率低的企业，则采用以工作为中心的领导方式，管理人员只关心生产，看重的是职工的技术是否熟练，在生产中对职工实行严密的监督，让他们觉得压力重重，总是在高度紧张和厌烦的心理下工作。其结果是团体的凝聚力低、士气低，职工们在这样的氛围中工作感到痛苦不堪，而往往选择跳槽的方式来摆脱这种困境。

（二）"工作集体"的组织结构方式

高效企业大都采用"工作集体"的组织结构方式进行管理，上级领导把下属当作集体中的一员，通过集体对其实行领导，尊重集体的愿望，维护集体的利益，发挥集体的智慧。也就是说，要把职工看作是有人格有尊严的独立个人，而不是生产线上完成任务的工具，考虑问题时要重视职工的利益。只有这样，才能充分发挥职工的积极性，使他们为企业创造更大的价值。

（三）信息交流渠道畅通无阻

高效企业会保证信息交流渠道的畅通无阻。这里所讨论的信息主要是指知识性信息和情感性信息，而信息的交流既指上情下传又指下情上传。传统的管理方法只重视上情下传，而不考虑职工对此的反应以及职工的想法。要做到信息渠道的畅通无阻，通常是设几个"意见箱"，或实行"开门政策"。开门政策是指，允许职工不经预约而可随时面见上级，上级办公室的大门永远向职工开放。

事实是，职工的态度对于信息的交流很重要，如果下级觉得上级的强制性措施对自己造成了很大的压力，他们会不自觉地制造信息沟通的障碍，比如，不让上级了解真实情况，自己的一些好的建议也不愿上呈，而是通过发牢骚的方式来表达对管理的不满，等等。随之出现的敌意、畏惧、不信任等态度，会进一步阻隔信息的正常流通，造成信息的失真。

二、领导方式的 4 种类型

研究结果表明，管理的核心问题是如何领导和管理人，而领导水平的高低在很大程度上取决于领导方式。利克特根据大量的企业调查研究，总结出了 4 种类型的领导方式，即 4 个系统。

（一）专制型

专制型领导方式的特征是，权力主要集中于最上层，下属成员没有任何发言权。上级对下属人员缺乏信任，在解决问题时，无视下属人员的意见，甚至经常以威胁、惩罚，有时也采用奖励的手段调动下属人员，这些方式使得下属人员对组织目标没有责任感。组织内部也极少沟通，只有自上而下的单向的信息流，信息易受歪曲，上级对下属人员的问题既不了解，也不理解。这类组织中几乎不存在相互作用和协作，一切决策都由领导人单独制定，而不采纳下属人员的意见，下层人员根本不能参与决策。组织的一切目标都作为命令下达，人们表面上接受，背地里对抗。控制职能集中于上层领导，机构中如果存在非正式组织，它通常对正式组织的目标是持反对态度的。

（二）温和型

温和型领导方式的特征是，权力控制在最上层，但也授予中下层部分权力。领导人员对下属有着主仆之间的信赖关系，采取较谦和的态度，在解决工作问题时，偶尔也能听取下属人员的意见。运用奖励和有形、无形的惩罚等手段调动下属人员，此方式也会让下属人员对组织目标没有责任感。组织内部较少沟通，并且大体上多属自上而下单向的信息流，上级只接受自己想听到的情报，对下属人员有一定的了解。组织内部成员之间也很少互相交往，而且，这种交往也多是在上司屈尊、下属心有畏惧和戒备的情况下进行的，极少形成相互协作的关系。上层领导决定方针政策，下层组织只能在既定的范围内进行有限的决策，一般职工都不参与决策，但有时能听取他们的某些意见。组织目标作为命令下达，下属人员有时能陈述意见，他们虽然表面上接受，背地里仍时常存在抗拒的情绪。

（三）协商型

协商型领导方式的特征是，重要问题的决定权在最高一级。中下层在次要问题上也有决定权。管理者对下层有相当程度的（但不是完全的）信任。上下级之间具有双向的信息沟通，通常也是在相当信任的气氛中进行的。员工大都有责任感。管理者主要采用奖惩进行激励，偶尔也用让员工参与的方式来激励和督促员工。在这种体制下，组织中的非正式组织，有时会对正式组织的目标表示支持，有时也会做出轻微的对抗。

（四）参与型

参与型领导方式的特征是，让员工参与管理。企业领导对下属有完全的信任感，上下处于平等地位，有问题互相民主协商讨论。决策权与控制权不是集中于上层，而是分布于整个组织中，低层也能参与，不仅有上下级间的信息沟通，还有同事间的平行沟通，而且这种信息沟通是在互相信赖和友好的气氛中持久进行的。在激励方面，让员工参与制定经济报酬，设置目标，改进方法，评估目标的进展。在这种体制下，非正式组织与正式组织通常是合二为一的，所有的力量都为实现组织目标而努力。同时，组织目标同员工的个人目标也是一致的。

能否有效地实行领导，除了领导者的行为方式外，还在于一些其他的因素。领导者对他自身的行为方式的看法和员工心目中的感觉认识可能根本不一致，这显然会影响有效的领导。即使下级确实认识到或者感觉到领导者有意采取的管理方式，并且正确地领会了领导者的意图，不同的员工也会有不同的反应方式，有些人会反对但也有些人会拥护。这与员工的价值准则、期望、个性、教育背景、经历和其他社会因素影响有关。当然，企业所处的行业的环境以及本组织的传统和文化都会影响到领导者的领导效率。

伦西斯·利克特认为，如果考虑到领导者的个性保持品格，员工都希望领导者的行为方式与他的个性保持一致，如果下级觉得领导者的行为方式与他的个性吻合，那他们会觉得领导者的管理措施很自然，相反则会觉得领导者有着不可告人的企图。在事关大家切身利益的问题上，下级都希望自己的领导者有能力影响更高层领导者的决策，所以领导者在上层的影响力和地位也会影响到下级对其行为方式的反应。同样，下级员工的行为方式在领导者中间引起的反应也取决于这些因素。

利克特认为，可以对人起激励作用的因素主要有4种。这4种因素分别是安全激励、经济激励、自我激励和创造激励。组织必须不断地向其成员提供这4种激励，并逐渐加强，以保证组织成员能够完成组织的目标。参与式管理正是为了适应这种需要才建立起来的，因此，它是一种高效率的管理方式。参与式管理的主要特征有以下3个：

1. 支持下属

领导者要支持下属，让每个成员都意识到，自己的个人价值和重要性是建立在知识和经验的基础之上的，并帮助下属建立和维持一种个人价值观和重要性的感觉。

2. 运用集体决策和集体监督

每个下级组织的领导都是上一级组织中的成员。通过这一种上下级间的相互制约关系，将整个企业联合成一个密不可分的整体。

3. 以高标准为组织树立目标

每一个组织中的领导和成员都要有远大的志向，为组织和自己树立一个远大的目标。通过这些目标的实现，既为组织创造了价值，也在这一过程中实现了自己的价值。

三、影响领导效果的因素

领导方式的多样性和随机性使得有些人得出结论说，根本不存在什么能够取得最佳效果的领导原理的方法。这一结论既正确又错误，正确的一面是它强调不可能找到简单划一、适应各种情况的具体领导方法；错误的一面是它否认存在一般原则。

那么，究竟为什么同样的领导方式在被领导者中引起的反响如此不同呢？显然能否有效地实行领导并不仅仅取决于领导者的行为方式本身，还取决于许多其他因素。

（一）领导者与下属的行为方式

利克特在某项调查中发现一个现象，即80%的领导者说自己经常真诚地表扬工作有成绩的下级，但在他们的下属中却只有14%的人认为情况确实如此，其他人则认为他们言过其实。这说明很多时候领导者对自己行为方式的看法和说法与下属心目中感觉到或实际看到的领导者行为方式可能根本不同。

（二）被领导者的反应

即使下级确实看到、感觉到、体验到领导者的有意采取的行为方式，正确地领会领导者的意图，不同的人仍然可能做出不同的反应，有些人拥护，有些人反对。

这是因为职工们信奉的价值准则不同，期望不同，性格不同，经历和背景不同，又受到不同社会因素的影响。坦南鲍姆和弗鲁姆就曾分别论述过，有些职工要求独立自主和参加决策，他们对领导者实行参与式管理反应热烈，十分欢迎；而另一些职工依赖性较强，习惯于专制式的领导者，他们并不喜欢参与式管理。

（三）外界因素

工作环境不同，工作性质和行业传统以及本组织传统不同，也会影响到下级对领导者的行为做出不同反应。

（四）领导者的个性和人格

一般来说，下级都希望领导者的行为与他自己的个性一致。有些领导方式和做法与领导者的性格十分吻合，下级觉得他那样做很自然、本色、实在，就愿意采取赞同态度。有些领导者学别人的样子行事，但行为方式与他本来的性格相去甚远，大家就会觉得他在演戏，装得又不大像，这种做法的结果肯定与他的意图大相径庭，徒然引起下属的怀疑和不信任。

（五）领导者在上层的影响力和地位

在事关大家切身利益的问题上，下级希望自己的领导者有能力影响更高层领导者的决策。所以，领导者在上层的影响力和地位也会影响到下级对其行为方式做出的反应。

总之，实行管理和领导是一个比较适应的过程。有效的领导者，总是会根据被领导一方的思想和情感的变动，随时调整自己的行为方式。

四、支持关系理论

伦西斯·利克特根据调查研究结果认为，依靠奖惩来调动积极性，才能充分发挥人的潜力。他建议领导人员真心诚意地，而不是假心假意地让职工参与管理。要尊重职工的智慧，相信他们愿意搞好工作。他认为独裁式的管理永远不能达到民主管理体制所能达到的生产水平和对工作的满意感。有人还认为企业要获得持久的变革，首先要做的，不是去改变人们的态度，而是排除那些影响他们积极性的组织束缚。总之，企业的领导方式对生产率有着极为重要的影响。

（一）新型管理学原理的基础

出色的经理人员管理的组织通常具有以下特征：组织成员对待工作、组织的目标、上级经理是采取积极合作的态度，他们互相信任并互为一体；组织的领导者采用各种物质和精神奖励的办法调动职工的积极性，让职工认识自我的重要性和价值，同时让职工有安全感，发挥自己的探索和创新精神；组织中存在一个紧密而有效的社会系统，系统由工作集体组成，系统内充满协作、参与、沟通、信任、互相照顾的气氛和群体意识；对于工作集体的业绩的考核手段主要用于自我导向，不是用于实行监督和控制的工具。在职工看来，出色的领导者同下属打交道的行为特点是，真正关心下属，细致周到，态度友好，随时准备提供支持和帮助，为公司和职工谋利；完全信任员工的能力、干劲和诚实；对下属期待很高，这是一种支持，而非强制或敌意；指导、帮助和教育下属以协助他们不断提高和发展；当下属遇到困难时或不能胜任工作时，尽力帮助或重新安排其职位，此外领导者还采用参与式管理等方法来使职工紧密地组织到各个工作集体中，通过集体实行领导。

以下因素影响着组织成员的态度：如果下属职工的亲身经历和实践经验使他们感觉到上级是支持和重视他们的，每个人都感到自己有重要的价值，那么职工就可能对领导做出积极的反应。反之，如果他们感觉受到威胁，在组织里没有他们的个人尊严和个人价值，那么他们就会对领导持消极态度。这是因为每个人都希望受到承认和赞赏，发挥影响，取得成就，希望那些在他们心中占有重要地位的人物相信和尊重他们，希望在这个世界上有他们自己的一席之地。很多情况下，下属做出反应并非根据客观事实，而是根据他们主观上感受到的"事实"，这受他们自身的背景、经历、教育程度、期望等因素影响，而且，一般职工都喜欢领导者的行为和个性一致，所以领导者的行为方式必须适应具体环境的要求，让下属从自己的经历中体会到领导者和他们之间的关系是支持性的和建设性的。这两点实际上构成了新型管理学原理的基础，尤其是伦西斯·利克特的"支持关系理论"。

（二）支持关系理论的实质

利克特提出的"支持关系理论"，可以简要概括为：领导以及组织中其他类型的工作，必须最大限度地保证组织中的每个成员都能够按照自己的背景、价值准则和期望所形成的视角，从自己的亲身经历和体验中确认组织与其成员之间的关系是支持性的，组织里的每个人都受到重视，都有自己的价值，也都有机会实现自己的价值。

支持关系理论实际上要求组织中的每个成员都能认识到自己担负着重要的使命和目标，每个人的工作对组织来说都是不可或缺、具有重大意义和富有挑战性的。只有这样，才能使员工感到自己存在的价值，并激发积极参与感。

利克特认为，如果在组织中形成了这种"支持关系"，员工的态度就会很积极，各项激励措施也会发挥充分的作用，组织内充满协作精神，工作效率自然会得到提高。

由于这一理论本身的固有特点，在应用它时，必须注意员工的真实感受和主观体验。因为这种理论的关键是：员工通过对自己的事前期望与实际结果进行对比，根据自己的印象然后得出结论。所以，领导者必须了解，在员工眼里，组织的未来到底是一种什么样的。

（三）新型的管理模式

新型的管理模式的领导方式都是采用参与型的。利克特认为，为了实现参与型的领导，企业领导者就必须能够很好地理解并灵活运用支持关系理论。

实际工作中，高效企业的经理大多倾向于采用参与式管理的原则，并将其运用于确立目标、制定预算、控制成本和设计组织结构等许多方面。他们创造的新型管理模式，最核心的特征是：将组织转变成高度协调、高度激励和高度合作的社会系统。为了做到这一点，他们最重要的哲理和信念是：领导者应该把下属和员工当作有血有肉、有尊严有人格的独立个体，而不是完成工作任务的劳动力，更不是"机器上的齿轮和螺丝钉"。

优秀经理们努力让员工形成主动和积极的态度，然后把各种经典、传统的管理方法融入其中，从而更充分地发挥这些管理方法、技术和工具的作用。

精彩语录

（1）优秀经理认为，权力型、命令式的管理会引起员工反感，不能持久有效。他们努力让员工形成正确和积极的态度，然后把各种经典的传统的管理方法融入其中，从而更充分地发挥这些管理方法、技术和工具的应用。

（2）管理的根本任务是将独立的个人组织起来实现预定的目标，使众多人的努力集合起来成为一种有组织的力量，这是一个非常古老而又困难、非常重要而又非常矛盾的任务。

（3）新型管理模式最核心的特征是：将组织转变为高度协调、高度激励和合作的社会系统。

（4）管理的核心问题是如何领导和管理人，造成企业间不同生产率的主要原因是各企业领导人所采用的领导方式不同。

（5）企业领导注意向下授权，听取下级意见，并让他们参与决策，其生产率就高。反之，越是专权独裁，生产率就越低。

（6）领导以及其他类型的组织工作必须最大限度地保证组织的每个成员都能够按照自己的背景、价值准则所期望、所形成的视角，从自己的亲身经历和体验中确认组织与其成员之间的关系是支持性的，组织里每个人都受到重视，都有自己的价值。

推 荐 阅 读

《人群组织：它的管理及价值》是利克特的又一知名著作。在书中，利克特通过大量的企业调查材料进行系统性分析，提出了描述领导类型的8个方面特征，即领导过程、激励过程、交流沟通过程、相互作用过程、决策过程、目标设置过程、控制过程、绩效目标。根据上述8个方面的特征，他归纳出4种类型的领导方式，或称为4种"系统"，即所谓的第一系统"专制的命令型"领导方式；第二系统"温和的命令型"领导方式；第三系统"协商型"领导方式；第四系统"参与型管理"领导方式。利克特认为只有第四系统即参与式管理方法才是实现有效领导的最佳方式。

《管理冲突的新途径》是利克特的又一代表著作，体现出他对于管理思想发展的多方面贡献。本书在利克特所认为的高效率组织基础上，提出组织管理冲突的新型解决办法。利克特认为组织对其成员成绩的总结主要是用来进行对成员行为的引导，而不是为了对成员进行控制。

《卓有成效的管理者》

关于作者 •••••••

彼得·德鲁克的介绍见《管理实践》。

关于本书 •••••••

读 100 本书，不如将一本好书读 100 遍。《卓有成效的管理者》就是值得读 100 遍、细细品尝、终生体悟的好书。它是历久弥新的经典佳作，可以帮助人们厘清观念、启发心智、改变行为，最终使工作卓有成效。

要想使工作变得更加有效，秘诀就在于"行"。唯有从决策的系统思维开始，先做问题界定——不在于寻找答案而在于问正确的问题，再确定精细的边界条件，寻找 3～5 个备选方案，然后选择较适当的方案并采取行动，贯彻落实，并根据反馈机制、现实的情况和不确定的未来做出有效的反应，对方案予以适当的调整与修正，与此同时，合理安排所组织的资源且物色正确的人选，发挥其长处并分配好时间资源，才能获得卓有成效。

从更深的层面上看，实现有效管理的另一个关键就在于"知"。唯有从时间的系统化分析着手，逐一检视自己所花时间的量、质、值是否到位，是否真正有生产性，个人长处是否能有效发挥，在重大工作的先后次序与资源的分配上是否恰当，决策的品质是否粗糙或存在偏差，不断地检测评估，才能成为一位"卓有成效的管理者"。

值得注意的是，在担任管理者的大多数人中，高度有效者并不多见。为何那么多有才华的人却没什么效率？因为他们并没有领悟到才华本身并不等于成就。他们甚至不晓得，一个人的才华，唯有通过有目的、有条理的工作，才能够充分显现。

有意思的是，彼得·德鲁克也不认为自己真正有效！为什么？他认为，只有偏执狂才能真正成就大事，其他的人，就像自己一样，也许生活是多姿多彩的，却白白浪费着青春。只有像富勒（几何学家）和麦克卢汉（传播学家）那样的人，才可能让他们的使命成真，而多数人却兴趣太多，心有旁骛。他后来意识到，要想有成就，必须要在使命感的驱使下"从一而终"，把精力专注在一件事上。富勒在荒野上待了40年，连一个追随者也没有，然而他还是坚定地为自己的理想奉献一切。麦克卢汉花了25年的光阴追逐他的理想，从不曾退缩。因此，时机成熟时，他们都取得了相当的成就。而其他有着很多兴趣却没有单一使命的人，一定会失败而且对这个世界一点影响力都没有。

《卓有成效的管理者》这本书中有两个结论：一是管理者的工作必须有效；二是"有效性"是可以学会的。"有效性"虽然人人可以学，却无人可教；"有效性"不是一门课程，却是可以"自我训练或自我修炼"的；"有效性"乃是一个人自我发展的关键，也是组织发展的关键。

卓有成效的管理者们也有两大挑战：首先是诚实与正直问题，虽然诚实与正直本身并不一定能成就什么，但是如果一个人在诚实与正直方面有缺失，则足以败事；其次，当今知识工作者的生产力关系着组织的生产力，更关系着国家的生产力。因此，如果要挑选一本知识工作者必读的经典作品，则非《卓有成效的管理者》莫属。

内容梗概 ·······

一、卓有成效是可以学会的

德鲁克在书中，谈到美国一家制药公司的高级管理者，由于他的专注，取得了极为卓越的成就。在短短 10 年中，他将一个小型公司发展成了一个大型跨国公司。最出人意料的是：他本人既不是一位化学家也不是一位科学家。最初的几年中，他专注于搞研发工作。后来，他开始组建一个大型跨国公司，并最终制定了新型战略计划，以适应现代医疗体制不断增长的需求。所以，卓有成效是可以学会的，这就需要我们懂得如何学习。

德鲁克指出：许多有效的管理者，他们脾气不同，能力也不同；他们所做的事不同，做事的方法也不同；他们的个性、知识和志趣，也各不相同。事实上他们几乎在每一方面都各自不同，但却有一项共同点：人人都具有做"对的事情"的能力。

换言之，有效的管理者，他们之间的差别，就像医生、教师和小提琴家一样，各有不同类型。至于缺少有效性的管理者，也同样各有各的类型。因此，有效的管理者与无效的管理者之间，在类型方面、性格方面及才智方面，很难加以区别。

但是，那些有效的管理者，"异"中有"同"：不管他们拥有什么，不管他们是什么样的人，他们都有能发挥有效性的共同习惯；不管他们是在企业机构、政府机构、医院，还是学校，他们促成有效性的习惯都一样。

德鲁克也认为，一个人如果没有这套有效性的习惯，则无论他有多大的智慧、多大的努力、多大的想象力和多丰富的知识，他必是一位缺乏有效性的管理者。

卓有成效是管理者的职责所在，更是管理者理所当然应该做到的。人们聘用管理者，就是希望他的工作卓有成效。管理者必须在他的组织里开展有效的工作，否则就对不起聘用他的组织。那怎么样才是卓有成效呢？这就需要我们学习那些有效管理者的有效性习惯。德鲁克认为下列 5 项主要的习惯，是成为一位有效的管理者必须养成的心智上的习惯：

（一）有效的管理者善于利用自己的时间

管理者自己掌握支配的时间是很有限的，他们必须要利用这点有限的时间进行系统的工作。如果不能好好地利用时间，这种管理者的工作是无效的，他可能会经常觉得很忙，但是他的工作效率并不高。这时候，有效的管理者会记录好自己时间的使用情况并做有系统的时间管理。

（二）有效的管理者重视成果和对外界的贡献

有效的管理者并非为工作而工作，而是为成果而工作。他知道自己所能做出的贡献在于：创造新思想、远景和理念；他的原则是：我能做哪些贡献？为了达成整体目标，我如何激励他人做出自己的贡献？他的目标在于提高整体的绩效。他尝试建立一个有绩效的团队；他知道每个人都有能力做出更多的贡献，他会不断地给自己以及与其共事的人树立更远的目标，以提高自己和他人的工作水平。

在选用高层管理者（德鲁克认为一个重视贡献、为成果负责的人，不管他职位多卑微，他仍属于"高层管理者"）时，他注重的是出色的绩效和正直的品格。他能敏锐地感觉到为一个关键职务选用人才，是一项非常艰巨的任务。这种用人的决策至关重要，必须经过相当长时间的深思熟虑。在这一点上，卓有成效的管理者也应该知道，没有人能永无过失。他无须过分顾虑人际关系，因为他知道这种关系是组织运作的副产品。如果给人一个合适的工作任务和必要的工具，就会自动地生成良好的人际关系，他不与那些他选拔出来的人保持过分亲密的关系，并尽量避免形成派系和关系网。他与自己的下属保持一定距离，为的是使自己能够不偏不倚、合理地衡量他们的绩效。他知道人无完人，即使是最有能力的人也有弱点。他关心的是一个人能做什么，而不是他不能做什么。他致力于充分集中人员的知识和技能，利用这些优势达成组织的目标。

他知道增进沟通的重要性，他有选择地搜集所需要的信息。他知道有些事物不能被量化，而过多的信息会导致混乱。

（三）有效的管理者善于利用长处

有效的管理者把工作建立在优势上——善于利用长处，包括自己的、上司的、下属的、同事的长处。把工作建立在自己的长处上，绝不会做自己做不了的事。

（四）有效的管理者把精力集中于少数主要领域

这些领域是他们要考虑的重点领域，在某一个特定的时期，管理者有特定的任务，即要优先考虑这些事情，其他的事情可以以后再做考虑，如此一来，优异的工作将产生杰出的成果。如果不管在哪个时期，所有的事情都一把抓，则很难有大的突破。明智的管理者给自己定出优先考虑的重点，并坚持重点优先的原则。

（五）有效的管理者善于做出有效的决策

他们知道一项有效的决策，总是在"不同意见讨论"的基础上做出的判断；他们也知道做决策需要时间，快速做出的许多决策往往都是错误的。做决策要慎重，要考虑很多情况。

以上这些就是管理者有效性的要素，也就是本书的主题。

二、一些关键的术语

了解一些关键术语的含义，对理解德鲁克的《卓有成效的管理者》是至关重要的。

（一）管理者

德鲁克认为："在现代组织中，每个知识工作者都可以成为一名管理者，他可能会被推上负责的岗位，凭借着自己的地位或知识，为真正改善组织的运作能力并获得成果做出自己的贡献。"

"管理者"一词涵盖了那些拥有专业知识并将其成功地应用于业务中（比如成功开发一种新产品或占领了新市场份额）的经理人。根据这个定义，那些仅仅监督他人的经理人并不是真正的管理者。

（二）卓有成效

卓有成效就是以正确的方法做正确的事情。那种四处发放备忘录的管理者，看起来非常有效率，但很难说他是非常有成效的人。他只是创造公文工作，并使这些工作在组织中泛滥成灾。相反，一个卓有成效的管理者只会偶尔发备忘录，并且不断跟进以便得到满意的结果。

（三）贡献

贡献指的是提高组织整体的绩效，而并不仅仅是经理人自己部门的绩效，也不仅仅是提高他个人的技能。它包含着很多层面的意义，包括具体的成果，比如提高产出和赢利水平；包括为组织提供新的远景目标，比如管理者使其组织意识到自己的社会责任感，这就是一种贡献；贡献还包括管理提高，即培养那些明日的管理者；制定一个合适的目标，也是一个巨大的贡献。

（四）专注

专注指的是在一定时间内，只专心做好一件事，不会动摇、分心，而是完全专注于任务本身。这需要极强的自律、不断地练习实践，以及对本任务的极大兴趣。从组织的角度来看，专注意味着从纷繁杂乱的目标中，选出并专心于唯一的目标。如果一个组织同时想做的事太多，那么将一事无成，因为组织总是处于一种基本物质和管理资源均匮乏的状态之中。

三、重视贡献

德鲁克在书中指出，重视贡献，是有效性的关键。所谓有效性包括：自己的工作——其内容、水准，及其影响；还有自己与他人的关系——对上司、对同事和对下属；也包括各项工具的运用，例如会议或报告等。

可是大多数的管理者都是眼光朝下。他们重视勤奋，而忽略成果。他们耿耿于怀的是：所服务的组织和上司是否亏待了他们，是否该为他们做些什么。他们抱怨自己没有职权，结果是做事没有效果。

是否重视贡献决定了一个人真实的职位高低。一个人不论其职位多高，如果仅仅是勤奋，如果老是强调自己的职权，那么他永远只是别人的"下属"。反过来说，一个重视贡献的人，一个注意对成果负责的人，尽管他位卑职低，他还是可以位列"高层管理人员"，因为他以整体的绩效为己任。

重视贡献，才能使管理者的注意力不为其本身的专长所限，不为其本身的技术所限，不为其本身所属的部门所限，才能看到整体的绩效。同时也才能使他更加重视"外部世界"，唯有"外部世界"才是产生成果的所在。因此，他将会考虑自己的技能、专长、作用，以及所属的单位对整个组织及组织目标的关系。只有如此，他才会凡事都想到服务对象。事实上，一个组织之所以存在，不论其产品为商品、为政府服务，或为健康医疗，最终目的总是为了顾客、为了服务对象，或为了病人。因此，重视贡献的人，其所作所为是卓然不群的。

管理者如果不自问"我可以有何贡献"，则目标不但短浅，而且往往错误。他们总是把自己的贡献限制得很窄。

"贡献"这个名词，其含义非常广泛。每一个组织都需要3个主要方面的绩效：直接的成果，价值的实现和未来的人力发展。缺少了任何一方面的绩效，组织都无法生存下去。因此，每一位管理者都必须在3个方面均有贡献。当然，三者之间，可以有轻重先后之分，这要依管理者本人的个性和地位，以及组织本身的需要而定。

重视贡献，足以消除管理者的一个基本问题：让你在一团乱麻似的事务中理出轻重缓急来。重视贡献是一项组织的原则，使管理者能掌握各项工作的关联性。

重视贡献，还可将管理者的先天弱点——过分依赖他人，以及属于组织之内——转变为力量，进而创造出一个坚强的工作团队来。

值得注意的是，人们常有一种倾向：为组织内部所惑，跳不出组织之外。重视贡献，才能使管理者的视线从"勤奋、工作和内部关系"转移到"外部世界"，转移到组织的成果。重视贡献，才能使管理者努力与外界进行直接接触，包括市场和顾客、病人、社团，及政府机构以外的公众。

总之，着眼于贡献，就是着眼于有效性。

四、使员工工作更具挑战性

现代组织的有效绩效，取决于在某些专业领域对知识和对各项技能的应用。只有让每个人适得其所，在一个和谐的团队里工作，组织才能发挥最大的功效。没有一个管理者可以奢望具备所需要的全面的知识和技能。他只能在某一个领域是专家，并在与其他专家的成果相匹配的情况下，他的贡献才是最有成果的。由于他的主要工作是产出新思想、概念和理念，在很多方面，他的绩效是无法衡量的。

此外，德鲁克认为，我们对自我发展知之甚少。为此他建议，使知识工作者得到自我发展的唯一方法，是循序渐进地安排他们承担更为艰巨的工作。一个管理者要发展他的下属，也应该采取类似的方法。他必须意识到坚持提高员工绩效的必要性，必须分配给员工更具挑战性的工作，使他们承担更多的责任，并密切注意着他们的进步，给予他们必要的指导和鼓励。

德鲁克进一步建议：管理者有许多方式来丰富下属的工作。在任何组织中，对职位潜能都尚待充分开发。比如，一个维修工程师可能对工厂和机器改进提出重要建议，事实上，他甚至还能设计出更好的机器。

如果管理者要发展他的员工，必须从发挥本员工的优点入手。他们不应该关注这个员工的弱点、缺陷。一个组织的功能达到最佳状态的时候，就是发挥所有人长处的时候。如果能够做到这一点，人们的瑕疵就能在很大程度上被弥补。当鼓励人们做得更好的时候，他们就能得到自我发展，而在此过程中，组织也得到了自我发展。管理者的责任就是使员工施展才华，最好的方式就是给予他们机会，并排除他们工作中的障碍。

五、不要去评估潜能

绩效评估是一个充满争议的话题。通常，人们认为绩效评估是一件不愉快的差事，并尽可能回避它。绩效评估的致命缺憾，就是总是在强调人的弱点、缺陷和失败之处。

日本人对绩效评估根本不抱任何信心。他们根本不需要它，因为日本实行的是终身雇佣制度，其升迁制主要依据年龄和资历。

德鲁克对绩效评估有着其独到深刻的见解。他并不赞成效法日本，根本不做绩效评估。但他提议必须从根本上改变绩效评估的方式。

绩效评估的目的必须是积极的，为的是发现每个员工的成绩，以及哪些方面做得非常出色。绩效评估不应该去评估某个人的潜能，潜能是根本无法评估的。一句话，绩效评估必须强调人的优点。

德鲁克建议管理者在做绩效评估时，应该问4个问题：

问题一："哪方面的工作他做得比较出色？"

问题二："那么因此，哪方面的工作最能发挥他的长处？"

问题三："若想充分发挥他的长处，他还需要学习或者获取哪些知识？"

问题四："如果我有一个孩子，我是否愿意让他或她在这个人手下工作？原因是什么？"

很明显，以上所有的问题都在强调人的长处，以及如何能更强化这些优点。第四个问题第二问的意义在于，没有人能容忍一个道德败坏的管理者。

六、管理者的决策类型

有效的管理者，做的是有效的决策。

他们的决策，是一套系统化的程序，有明确的要素和一定的步骤。我们常常读到有关决策的著作，然而管理者决策时实际采用的程序，与那些著作讨论的程序几乎完全不同。

有效的管理者不做太多的决策。他们所做的，都是重大的决策。他们重视的，是分辨何者为例行性，何者为策略性，而不重视"解决问题"。他们的决策，是最高层次的、观念方面的少数重大决策，他们致力于找出情势中的"常数"。所以，他们给人的印象，不是很快做出决策。他们认为操纵很多"变数"的决策技巧，只是一种愚昧的思考方法。他们希望知道一项决策究竟涵盖什么，应符合哪种基本的现实。他们需要的是决策的冲击，而不是决策的技巧；他们需要的是好的决策，而不是巧的决策。

有效的管理者知道什么时候应依据原则做决策，什么时候却应依据实际的情况需要做决策。他们知道最骗人的决策，是正反两面折中的决策，他们能分辨正反两面的差异。他们知道在整个决策过程中，最费时的不是决策的本身，而是决策的推行。一项决策如果不能演化为"工作"，则不成为决策，至多只是一种良好的意愿。这就是说，有效的决策固然是以最高层次的观念理解为基础，但是决策的推行却必须力求接近工作层面，必须力求简单。

决策有 5 个方面的要素：确实了解问题的性质；确实找出解决问题

时必须满足的界限；仔细思考解决问题的方案是什么以及需满足哪些条件；决策方案要同时兼顾执行措施；在执行的过程中重视反馈。然后再解释什么是有效的决策——决策其实是个人见解之间交换意见，而不是用一系列数据来做决策，大部分是个人的假设，是个人消化后的见解，并且要找出数据来证明自己的见解。

有效的决策，一定要大家都有自己的观点，需要个人大胆地假设，没有意见才是最大的错误。做决策的人一定要有自己的意见，当然也有反面的意见，"反面意见"的运用，是不同见解的激荡，更有利于找出问题的本质。

德鲁克认为，管理者一般分两种类型。一类管理者总是忙忙碌碌，但是通常没有什么绩效。他们总是公务缠身：记笔记、参加无数的会议、不停地出差；总是有许多想法——差不多每天一个新想法。今天他们可能想着成本节约问题，明天也许在盘算着举办一场大型的活动。他们总是浪费了自己的大部分时间和精力却一事无成，大多数管理者都属于这一类型。另外一类管理者，他们冷静而深入地思考问题，然后埋头完成那些重要的工作任务。他们工作踏实而有条理。他们在一段时间内只集中精力完成一项任务，在这一项任务做完后，才着手完成下一项任务，他们才是卓有成效的管理者。他们只做正确的事情，而不会浪费时间和精力。

《卓有成效的管理者》一书中最后得出两个结论：一是管理者的工作必须卓有成效，二是卓有成效是可以学会的而且是必须学会的。管理者的自我提高往往要比卓有成效的训练更为重要。当一名管理者，并没有什么值得自豪的，因为管理者与其他千千万万人一样，都是做他自己应做的工作。今天的组织，需要的是由平凡人来做不平凡的事业，这正是有效的管理者所应自勉的目标。如果我们从上到下每一个人都能将自己看成管理者，提高有效性，不但企业的工作能蒸蒸日上，而且自己也能承担新的任务，追求新的目标。

精 彩 语 录

（1）有效的管理者必注重贡献。他会眼光朝上，使自己的工作朝向目标。他常自问："对我服务的机构，在绩效和成果上，我能有什么贡献？"他强调的是责任。

（2）一个人不论其职位多高，如果仅仅是勤奋，如果老是强调自己的职权，那么他永远只是别人的"下属"。反过来说，一个重视贡献的人，一个注意对成果负责的人，尽管他位卑职低，他还是可以位列"高层管理人员"。因为他以整体的绩效为己任。

（3）有效的管理者知道什么时候应依据原则做决策，什么时候应依据实际的情况需要做决策。他们知道最骗人的决策，是正反两面折中的决策，他们能分辨正反两面的差异。

（4）一位管理者之所以受聘为管理者，并不是要他做他"喜欢做"的事，而是要他做他"该做"的事——尤其是要他做有效的决策。

（5）有效性是一种后天的习惯，是一种实务的综合。既然是一种习惯，便是可以学会的。

推 荐 阅 读

《公司的概念》一书是彼得·德鲁克对通用汽车公司研究的结果。本书对通用汽车公司内部复杂的工作关系进行了开创性的研究，揭示出汽车巨人不再只是经济机器，还将成为一个错综复杂的社会系统。这一工作有效地推动了20世纪最伟大的管理思想家的职业发展。

《再论如何激励员工》

关于作者 ·······

弗雷德里克·赫茨伯格（1923 年～2000 年）是美国心理学家。赫茨伯格在管理学界的巨大声望，是因为他提出了著名的"激励－保健因素理论"，即"双因素理论"。

赫茨伯格曾获得纽约市立学院的学士学位和匹兹堡大学的博士学位，以后在美国和其他 30 多个国家从事管理教育和管理咨询工作，是犹他大学的特级管理教授，曾任美国凯斯大学心理系主任。在美国和其他 30 多个国家，他多次被聘为高级咨询人员和管理教育专家。

赫茨伯格的主要著作有：《工作的激励因素》（1959 年，他与伯纳德·莫斯纳、巴巴拉·斯奈德曼合著）、《工作与人性》（1966 年）、《管理的选择：是更有效还是更有人性》（1976 年）。在激励因素取得成功以后，经过一段时间的休息，赫茨伯格回到了他于 1968 年在《哈佛商业评论》杂志上发表过的一篇论文的争论上，这篇论文的题目是《再论如何激励员工》。重印后共售出 100 万份的成绩使其成为该刊有史以来最受欢迎的文章。

20 世纪 50 年代末期，赫茨伯格和他的助手们在美国匹兹堡地区对 200 名工程师、会计师进行了有组织性的调查访问，考察了他们的工作满意感与生产率的关系。

访问主要围绕两个问题：在工作中，哪些事项是让他们感到满意的，并估计这种积极情绪持续多长时间；又有哪些事项是让他们感到不满意的，并估计这种消极情绪持续多长时间。

根据他们对这些问题的回答，赫茨伯格积累了影响这些人员工作的各种因素的资料。接着他就着手去研究哪些事情使人们在工作中感到快乐和满足，哪些事情造成不愉快和不满足。结果他发现，使职工感到满意的都是属于工作本身或工作内容方面的；使职工感到不满的，都是属于工作环境或工作关系方面的。

因此，他提出了两种激励理论：保健因素和激励因素。

赫茨伯格告诉我们，满足各种需要所引起的激励程度和效果是不一样的。物质需求的满足是必要的，没有它会导致不满，但是即使获得满足，它的作用往往也是很有限的、不能持久的。要调动人的积极性，不仅要注意物质利益和工作条件等外部因素，更重要的是要注意工作的安排，量才录用，各得其所，注意对人进行精神鼓励，给予表扬和认可，注意给人以成长、发展、晋升的机会。随着物质需求的满足，这种内在激励的重要性将会越来越明显。

关于本书 ·······

弗雷德里克·赫茨伯格基于与同事们进行广泛实证调研的基础上的理论，提出了著名的"激励－保健因素理论"，即"双因素理论"，这是赫茨伯格最主要的成就。

在激励因素理论取得成功以后，1968 年，赫茨伯格在《哈佛商业评论》杂志上发表了《再论如何激励员工》，再次回顾了双因素理论出现的背景和该理论的内容，分析比较了在这个问题上各种理论学派的观点及他本人理论所处的地位，由此引出了职务丰富化的论题，介绍了职务丰富化的原则和实际应用。该文重印后共售出 100 万份，使其成为该刊有史以来最受欢迎的作品。

《再论如何激励员工》是赫茨伯格最为著名、影响力最大的著作。

双因素理论促使企业管理人员注意工作内容因素的重要性，特别是它们同工作丰富化和工作满足的关系，因此有着积极的意义。赫茨伯格告诉我们，满足各种需要所引起的激励深度和效果是不一样的，他的理论指导了诸多管理人的管理实践，随着时代的进步与生产技术的发展，赫茨伯格的理论愈发显示出实用价值。

内容梗概 ·······

一、"踢一脚"式激励方式

想要一个人去做某件事，最简单的激励方式是什么呢？很多人会说："在他屁股上踢一脚。"这便是所谓的"踢一脚"式的激励方式，它大致包括3类。

第一类：体罚的激励方式，这在过去是经常采用的。显然这是很粗俗的，而且它彻底改变了企业在职工心目中的良好形象。此外由于体罚只作用于环境保护的自主神经系统，所以它只会带来消极的反应——职工会反过来与管理人员发生暴力冲突。

第二类：靠实施心理压力来对职工进行激励，这种消极的心理压力方式对职工影响似乎是无形的，而且是可以延长的，其心理影响直接作用于大脑，所以身体上的强烈反应减少了。既然一个人所能感受到的心理痛苦几乎是无限的，所以可供实施心理压力的范围也更广泛了。如果职工胆敢抱怨受到了心理压力，他一定会被说成是妄想狂，因为没有看得见的证据表明他确实受到了伤害。

以上这两类反面的"踢一脚"方式得到了什么结果呢？比如，我踢了你，谁被激励了呢？你是被踢了，而不得不去干活。所以，反面"踢一脚"的方式不会导致真正的激励，而只能导致机械性的运动！

第三类：可以称为正面的"踢一脚"方式，即对职工采用"拉"而不是"推"的方式。比如，我对你说："为了公司你做这件事吧！作为回报，我会给你奖金，更高的地位，等等。"大多数管理人员认为这就是激励。一个企业如果想采用这种激励方式，必须有大量的"诱惑物"不断地在职工眼前晃动，就像要一条小狗跳起来，你必须不断地在它眼前晃动饼干一样。这种方式之所以得到普遍应用，是因为这是一种传统，是美国的方法。企业并没有"踢"你，而是你自己在"踢"自己。

二、激励的盲区

管理人员很快就看出反面的"踢一脚"方式远不及正面的"踢一脚"方式所产生的激励效果那么强烈，因为反面的"踢一脚"方式是强迫你就范，而正面的"踢一脚"是诱使你就范。但事实上，诱使比强迫更坏，因为后者只不过是一种不幸，而前者是一种灾难。如果一个人需要借助外界的力才动一下的话，那么他还会需要第二次、第三次外力。只有当一个人自身产生了动力，才谈得上是真正受到了激励。因为他不再需要外部地刺激了，他自己就需要那样做，只有依据这一思想，才可能出现下面这些后来出现的、同样属于正面"踢一脚"的激励方式，但实际上它们也并没有真正达到激励的目的。总的来说，现存的激励存在以下几个误区：

（一）减少工作时间

有人认为，激励人们努力工作的一个极好的方法是使他们脱离工作。所以在过去的五六十年间，人们一直在减少花在工作上的时间，甚至到了要求一周只工作半天的地步。与此相似的是开展业余娱乐计划。这一方法的核心思想是认为玩在一起的人，才能工作在一起。这样一来，这些人工作的时间不是更短了而是更长了。

（二）提高工资

这会产生激励吗？会的，而且它使人们去努力追求下一次的工资增长。

（三）提供良好的福利待遇

在这方面，美国的企业已经花费了相当于工资的 25% 的钱，而人们还在为激励问题而抱怨。事实上，人们现在拿的钱多了，各种福利待遇多了，而工作时间却少了。那些附加的福利不再是奖励，而是职工有权必得的了。所以，除非拿出越来越多的钱用于提供附加福利，否则工人们就会觉得工厂在把时钟向后拨。当企业家们认识到工人的经济欲望和懒惰欲望是无穷无尽的时候，他们才开始求助于行为科学家。在批评企业家们不知道如何对待人的问题上，这些行为科学家更多的是基于人性的习惯而不是科学研究的结果。

（四）人际关系训练

30 年来的实践只是产生了一批费用昂贵的人际关系训练计划。可笑的是，30 年前要让工人做某件事只要说 1 个"请"字就够了，而现在则要加 3 个"请"字才能使工人对他的上司的态度感到满意。这一失败说明：领导者或管理人员在处理人际关系时竭力表现出的和蔼可亲并非是发自内心的。这导致了一种新的人际关系激励方式——敏感性训练——的应用。

（五）实施敏感性训练课程

敏感性训练中最典型的问题是：你真正理解自己吗？你真正相信别人吗？你真心与他人合作吗？而有人还是把这一方法的失败归结为未能真正实施正确的敏感性训练课程。

企业的人事经理们已经认识到：通过提供舒适的条件，运用经济手段，或是建立良好的人际关系来进行激励，只能得到暂时的效果。其问题不在于这些经理所做的努力本身，而在于职工没能理解他们做出的努力。这一认识开辟了一个新的领域——沟通。

（六）注重交流与沟通

许多研究交流与沟通的专家被请去参加这种管理计划，以帮助职工理解管理人员为他们所做的事情。但是依然没有产生激励的效果，这使得专家们想到，也许是管理人员不知道职工们在想什么。

（七）进行双向交流

管理人员为此采取了多种步骤，比如士气调查，建议计划，小组参与计划等。与过去相比，管理人员和职工更多地坐在一起进行交流，倾听彼此的意见。但是，这并没有在多大程度上改进激励的效果。

行为科学家们开始了更进一步的思考。他们发现，人们需要实现自我。持"自我实现论"的心理学家与人际关系心理学家共同提出了一种新的激励方式。

（八）参与到工作中去

比如在生产项链表的装配线上，某个工人的工作是每天上 1 万个螺母，然而人们却说他正在造世界上最著名的表。工作参与的另一种形式是使工人在一定程度上感到他能对自己的工作做主。其目的是给工人提供一种成就感，而这不是真正的成就，因为真正的成就取决于工作本身能否真正提供成就感。所以这一思想还是没能产生激励。

（九）与雇员谈心

这一形式最早应用于 20 世纪 30 年代在西方电气公司所进行的霍桑试验，当时，谈心只是一种让职工通过向人诉说自己的困难而减少心理负担的方式。这一做法后来遭到非议，其原因是干扰了企业、组织的正常工作，因为参加谈心的顾问们想着手解决他们听到的问题，而忘记了自己现在只是充当倾听者。但是，有关心理咨询方面的谈心却没有受到这种消极影响，而且随着进一步完善而日益兴旺。不幸的是，这类计划同以往的那些计划一样，都没能真正解决"如何激励职工"这一难题。

三、激励－保健因素理论

既然反面"踢一脚"的方式只能产生"短命"的效果，正面"踢一脚"的方式也走进了死胡同，继续采用只会增加企业的负担，那么，另辟蹊径恐怕是唯一的出路了。再回到这个古老的问题上来：如何使职工产生内在的动力？为了能对此提出一些有益的建议，有必要简略地回顾一下关于工作态度的激励－保健因素理论。这个理论通过对一些工程师、会计师所进行的调查研究，得出了这样的结论：使人产生工作满意感和受到激励的因素与产生工作不满意感的因素是彼此独立，各不相同的，同时这两种感受也不是相互对立的，即工作满意感的对立面不是工作不满意感，而是没有工作满意感；同样，工作不满意感的对立面不是工作满意感，而是没有工作不满意感。

这涉及人的两种不同需要。一种需要来自人的动物本能，是一种抵御环境压力的内在动力，比如基本的生理需要，要挣钱等。另一种需要是人所特有的成长需要，即取得成就的能力，以及通过成就来体验精神上的满足。在企业中，能满足成长需要的是工作内容，能满足本能需要的是工作环境。激励因素对于工作来说是内在的，它包括：成就、成就得到承认、工作本身、责任以及成长与发展。保健因素对于工作来说是外在的，它包括：公司政策与管理方式、上级监督、人际关系、工作条件、工薪、地位与安全。

通过对包含 1685 名职工的样本进行的 12 次不同的调查研究（调查对象中包括基层经理人员、职业妇女、农业管理人员、退休经理、医院的维修工、制造业经理、饮食业主、军官、工程师、科学家、家庭主妇、教师、技术人员、女装配工、会计师、芬兰的领班、匈牙利的工程师），发现一系列导致积极或消极的工作态度的激励因素和保健因素。

调查方式是请被调查者回答在工作中哪些事件使他们感到非常满意或是非常不满意。调查结果表明在所有导致工作满意感（积极的工作态度）的因素中，81%是激励因素；在所有导致工作不满意感（消极的工作态度）的因素中，69%为保健因素。这一切表明激励因素是产生满意感的主要原因，而保健因素是产生不满意感的主要原因。

另外，文中还提到，人事管理有三类最基本的思想：其一来自组织理论，其二来自工业工程理论，其三来自行为科学。组织学家把人的需要看成是无理性的、多种多样的和多变的。所以他们认为只要把工作按照合理的方式组织起来，就能够获得最有效的工作结构和最完满的工作态度。工业工程学家认为人是被动的，靠经济手段才能激励，可以通过把一个人置于有效率的工作过程中来满足他的需要。管理工程学家把人事管理的目标视为通过建立最适宜的激励系统来最有效地利用人类这种机器，他们相信，通过能够导致高效运转的工作设计，可以获得工作的优化组合以及适宜的工作态度。行为学家更注重的是群体情绪，职工的态度以及组织的社会与心理环境。他们认为人事管理主要应当集中在人际关系教育上，希望由此能使雇员产生积极健康的工作态度并创造一个符合人类价值观念的工作环境，他们相信良好的工作态度能产生有效的工作与组织结构。

四、职务丰富化

通过前面的讨论可以了解到，激励－保健因素理论不是通过使工作合理化来提高效率的，而是认为只有丰富工作内容才能有效地利用人力资源。这种方式实际上是用调整激励因素的方法激励职工。他们选择"职务丰富化"这个词来代替以往的"职务扩大化"，这是因为：职务丰富化为职工提供了精神满足和成长的机会，而职务扩大化只是使工作在结构上扩大了。

在职务丰富化的过程中，管理人员常常只是成功地分解了职工的个人贡献，而没有在他们熟悉的工作中为他们创造成长的机会。这实际上只是职务扩大化，我们称之为水平方向扩大职务范围（与此相对的是垂直方向扩大职务范围），它提供的是激励因素，这才是职务丰富化的真正含义。它已经成为早期的职务扩大化计划中的主要问题，因为它只是增加了工作的无意义性。其典型做法包括：提高对职工的定额要求，对他们发出挑战，这等于零乘以零；增加毫无意义的日常办公室工作，这等于零加上零；把一些本身需要进一步进行的工作重新组合一下，这等于用一个零代替另一个零；去掉工作中最困难的部分，使职工得以轻松地完成更多的不那么有挑战性的工作，这等于减掉了职工更多的完成工作的希望。

管理人员在实施职务丰富化时应遵循如下步骤：

（一）选择具备丰富化条件的工作

被选择进行丰富化的工作，应具备这样的特点：在管理工程方面的投资不会导致成本的大幅度变化；职工对该项工作的态度很糟；花在保健因素方面的成本越来越高；激励将导致职工不同的工作表现。

（二）深信工作是能够被改变的

多年的传统使经理们认为工作内容是神圣不可侵犯的，似乎唯一的办法是采用以前那些激励人的老法子。实际上，经理们应该打破传统，通过创新工作内容来达到激励人的目的。

（三）多列新主意

尽量多地列出可能使职务丰富化的新主意,而先不要考虑其可行性。

（四）审查新主意

审查这些新主意，剔除包含保健因素的建议，保留真正的激励建议。

（五）剔除笼统的概念

剔除那些笼统的概念，比如"给他们更多的责任"这类话，因为在实际执行中很少真的能这样做。应当彻底摒弃只要形式不重实质内容的做法。

（六）剔除无效建议

剔除一切水平方向扩大职务范围的建议。

（七）避免相关人员参与

这主要是指对那些职务范围将进行丰富化的职工，应当避免他们直接参与这个计划，因为这会由于人际关系方面的保健因素而影响职务丰富化的过程。创造动机的是工作内容，至于是否参与工作设计并不会产生动机。职务丰富化这一过程会在短期内结束，然而正是职工从此做什么工作将决定他们的动机，所以参与只会导致短期的效果。

（八）进行可控试验

在开始实施职务丰富化计划时，进行一次可控试验。至少选两个相似的组，在一段时间内对试验组系统提供一些激励因素，而对照组则不变。在试验过程中，两个组的保健因素相对稳定。有必要在事前和事后进行工作表现和工作态度的调查，以检验职务丰富化的效果。

（九）做好充分的心理准备

对试验组在头几个星期内可能出现的工作质量下降应有所准备，因为对新工作的适应会导致暂时的低效率。

（十）预见可能发生的事情

要预见到一线管理人员可能会对变革产生忧虑和对立的情绪。忧虑是因为他们害怕变革会给他们单位带来更糟的工作表现，而对立则是由于职工的自主性强了，失去监督责任的管理人员可能会觉得无事可做。但是，如果试验是成功的，那么管理人员就会发现许多过去被忽视了的或是未曾想到的新的监督和管理责任。

所以，以职工为中心的管理方式不是通过对管理人员的教育而是通过改变他们所做的工作来实现的。

职务丰富化不是一次性的计划，而是一个持续不断的管理功能，不是所有的工作都能丰富化，也不是所有的工作都需要丰富化。但是今天花在保健因素上的一小部分时间和金钱，当初如果能够用于进行职务丰富化，那么在人际关系的满意程度上和经济上取得的收益可能会大得多。当然，现在行动起来，实施补救措施，为时还不晚。

精彩语录

（1）职务丰富化不是一次性的计划，而是一个持续不断的管理功能。不是所有的工作都能丰富化，也不是所有的工作都需要丰富化。但是今天花在保健因素上的一小部分时间和金钱，当初如果能够用于进行职务丰富化，那么在人际关系的满意程度上和经济上所取得的收益可能会大得多。

（2）既然反面"踢一脚"的方式只能导致短期效果，正面"踢一脚"的方式也走到了尽头，继续采用这些做法只会徒劳地增加费用。那么，唯一的出路显然是另辟蹊径。

（3）人本身具有多种行为特征，众多的行为特征都可被视为是正常的，这正取决于人们对不同文化的接受程度。所以，有关工作的激励理论扩展到了心理健康以及心理缺陷的概念领域内。

推荐阅读

《工作的激励因素》是赫茨伯格另一本重要的著作。赫茨伯格在总结以往的研究成果基础上指出，导致满意的因素和导致工作不满意感的因素是彼此对立而不同的。然而这两种感觉又不是相互独立的，即工作满意感的对立面不是工作不满意，而是没有工作满意感；

工作不满意的对立面不是工作满意，而是没有工作不满意。导致满意的因素多来自工作任务本身，如工作性质、内容，工作成就及别人对其表示承认，工作责任、工作能力的提高等。导致不满意的因素则主要来自周围环境，如上级的管理和监督、工作条件、人际关系、工作报酬等。对于从事人力资源管理，着意提高员工的认同感、忠诚度的管理者来说，这是一部不可多得的参考文献。

《组织结构与设计》

关于作者 ·······

杰伊·洛希，权变理论学派的著名代表人物，美国哈佛大学人际关系学教授。

洛希曾获安奥赫大学学士学位、哥伦比亚大学硕士学位和哈佛大学工商管理博士学位。

洛希的贡献主要集中在企业组织结构的设计和研究方面。另外，他对企业的人事管理问题也有独到见解。1970 年，他与约翰·莫尔斯合作，在《哈佛商务评论》杂志上发表了著名的《超 Y 理论》专文，发展并丰富了权变理论及人事管理领域的学术思想。

洛希的主要著作有《组织结构与设计》、《组织与环境》等。

《组织结构与设计》是洛希最主要的代表作，集中阐述了他和劳伦斯以权变理论为基础的组织结构理论，是权变理论的经典之作。

关于本书 ·······

权变理论学派的著名代表人物洛希的主要贡献集中在企业组织结构的设计和研究方面，先后出版过 10 余本专著，其中最著名的就是这本于 1970 年出版的《组织结构与设计》。

洛希在这本书的导言中就明确指出一个企业的组织结构绝不是什么

一成不变的东西，相反，它是一个复杂的变量。在这方面，经营管理人员的作用和影响是举足轻重的。

关于组织结构的定义，洛希认为首先应该正确区分"基本结构"和"运行机制"。洛希指出，泰勒的科学管理理论，法约尔的欧洲古典管理理论和马克思·韦伯的官僚行政组织理论构成了西方"古典"管理理论或传统管理理论的三大派别。

洛希接着又介绍了现代管理理论关于企业组织结构设计问题的主张，组织结构的设计决定于企业的生产任务以及职工素质。凡是成功的企业都是组织结构适合于工艺技术的。

洛希和劳伦斯提出的关于组织结构设计的构想包含两个基本概念：一是"差异"或"差别化"，二是"综合"或"整体化"。

洛希接着详细分析了如何把"差别化"和"整体化"的概念具体运用了组织结构设计的实践。

关于运行机制问题，不仅要考虑各单位内部的运行机制，还要考虑服务于整个企业的大运行机制。为了使企业能适应外部环境的挑战，应该设计出一种既有利于鼓励差异，又有利于促进综合协调的奖励制度和工作标准。

最后还必须考虑到企业基本结构和运行机制的设计对于解决企业内部矛盾和冲突可能发挥的作用和影响。

内容梗概 ·······

一、组织结构的定义

洛希在书中的导言中一开始就明确指出企业的组织结构不是一成不变的，而是一个复杂的变量。那么，什么是组织结构的定义？洛希认为首先要正确地区别"基本结构"和"运行机制"。组织内部如何进行分工？怎样按不同的职位、小组、部门、科室分配工作任务？以及如何实现必要的协调以保证企业总目标的实现？诸如此类的问题都是企业组建基本结构时必须考虑的问题。对于这些问题的答案，各企业通常是用图表的形式（如组织系统图）列出。如果可以认识到可变因素（技术的、个人的、社会的以及组织内部的）对企业行为有着直接的影响，那么，这种通过列图表向职工说明企业对每个人的期望和要求的做法只是许多办法其中的一种。尽管迄今许多经理仍在广泛地使用各种图表，但是，只有基本结构是远远不够的。必须通过运行机制来强化基本结构，来保证基本结构意图的实现。所谓运行机制，指的是控制程序、信息系统、奖惩制度，以及各种规范化的规章制度，等等。运行机制的建立和强化有助于更清楚地向职工表明，企业对他们的要求和期望是什么。好的运行机制能激励职工同心协力，为实现企业的目标而努力。也就是说，运行机制赋予企业的基本结构以内容和活力。

洛希详细地介绍了西方的古典管理理论和现代管理理论关于企业组织结构问题的不同观点，并进行了分析和比较。

二、古典管理理论的组织结构观点

古典管理理论的著名学者如亨利·法约尔、卢瑟·古利克、林德尔·厄威克、詹姆斯·穆尼以及他们的同事、追随者，其经验主要来源于20世纪初期工业企业的实践，来自泰勒的管理工程理论。泰勒的科学管理理论、法约尔的欧洲古典管理理论和马克斯·韦伯的官制行政组织理论构成了西方古典管理理论或传统管理理论的三大派别。

在古典管理理论学家看来，企业内部协调并不是什么重要问题。他们简单地认为，企业内部进行分工后，各基层劳动组合的小目标汇总起来就是企业的大目标。如果有什么工作需要协调，完全可以由高层管理人员来解决。他们的理论是，职工要听从经理的指挥，所以，唯一有效的协调机制只能是企业的经理层。但是，经验表明，他们的这种理论存在许多缺陷和不足：第一，它难以激励职工参与企业经营管理的积极性；第二，在分工层次复杂的大型企业中，这些理论的局限性是显而易见的；第三，经理们在实践中逐渐认识到，基层劳动组合的小目标不可能自动地汇合而成为企业的大目标，单单依靠企业高层领导难以实现内部的有效协调。

伴随着人际关系学派管理思想的兴起和非熟练工人工会组织的发展，

科学管理运动也由于存在上述明显的缺陷逐渐趋向衰落。一些组织结构理论学者——他们中间许多人是心理学家或社会心理学家——对这些问题进行了许多探索和研究，提出了新的理论，形成了以美国的伦西斯·利克特为代表的西方行为科学管理理论。

利克特是一个心理学家，最大的成就是提出了著名的"支持关系"理论。

利克特认为，在所有的管理工作中，对人的领导是最重要的中心工作，因为其他的工作都取决于它。即使在同一行业的企业里，既有生产效率高的部门，也有生产效率低的部门，关键原因是各企业领导人采用的领导方式不同。生产效率高的企业采用的是以职工为中心的领导方式，监督者强调的是工作中的人及其相互关系，监督只是"一般性的"，而不是"严密的"，其结果是企业内部凝聚力强，劳动积极性高，跳槽的工人少。相反，生产效率低的企业多是采取以工作为中心的领导模式，监督过于严格，甚至施加不必要的压力，结果企业内部凝聚力弱，劳动积极性不高，跳槽的工人也多。

利克特把企业管理的领导模式分为4种：第一种是专权的命令型，第二种是温和的命令型，第三种是协商型，第四种是参与型。这4种领导模式中，第一种是传统的领导方式；第二、三种同第一种并无本质的不同，基本属于权力主义的命令型，可以统称为权力主义型管理模式；唯有第四种参与型管理模式才是效率高的领导模式。利克特认为这种高效率的参与型管理模式主要包含3个基本特征。

（1）管理人员必须应用支持关系原则，即领导者要保证每个成员从自己的体验和经历中确认组织及其成员之间的关系是支持性的，组织里每个人都受到重视，都有自己的价值。

（2）应用集体决策和集体监督的原则，每个下级组织的领导是上一级组织成员，通过这种组织上的联系把企业凝结成一个整体。

（3）要给企业各组织树立高标准的目标。利克特的"支持关系论"看到了古典管理理论学者所忽视的企业管理中的激励和协调问题，虽然他没有明确提出和解决劳动分工问题，但他关于参与型领导模式的主张确实提出了职工"自我实现价值"的问题，而这正是进行劳动分工必须研究的一个重要内容。利克特基于对人的社会性的认识，提出了职工的"社会需要"思想，他认为组织结构的设计应充分考虑职工的"社会需要"，要把他们组合在固定的劳动组织里，并使他们能经常参与劳动组织的内部决策。

虽然利克特的这个理论并没有就企业组织的分工问题提出明确的建议，但它确实提出了如何实现企业内部协作和协调机制的问题。他的理论的主要缺点在于，他简单地认为所有职工都有同样的需要，要用雷同的方式去激励和推动他们。

三、现代管理理论的组织结构设计主张

洛希还介绍了现代管理理论关于企业组织结构设计的主张。

现代管理理论中的系统管理学派认为，组织结构的设计决定于企业的生产任务以及职工素质。这一理论的有效性在伯恩斯和斯托克共同提出的一项研究报告以及美国管理学者琼·伍德沃德提出的一项研究报告中得到了证实。

伯恩斯和斯托克在《创新的管理》一书中指出，各个工业领域里的成功企业在组织结构的设计上都存在重大的差别。在稳定性较高的工业领域，那些成功的企业都使用作者所称的机械式组织结构。这类企业更多的是依靠正式的规章制度，一切决定都由高层领导做出，企业的监督系统薄弱。而在富有活力的工业领域，那些成功的企业则采用作者称之为"有机"的组织结构。在这类企业里，监督系统职能广泛并享有权力，不大重视和强调规章制度，生产决定多由企业的中下层做出。

伍德沃德在1965年出版的《工业组织：理论和实践》一书中，提出了另一种分类方法。她发现，每一种有着类似目的和类似工艺技术的生产系统都有其独特的组织模式和管理原则，凡是成功的企业，其组织结构一定适合于工艺技术。

伯恩斯、斯托克和伍德沃德都认识到企业的组织结构是关系到企业成败的重要因素，他们也从不同角度论证了成功企业的组织结构的主要组成要素，但是，他们都没有能够提出一套完整的解决企业组织结构问

题的系统而有效的构想。

四、比较完整的组织结构设计理论

洛希在前人研究的基础上继续探索，形成了一套比较完整的关于组织结构设计的思想理论。洛希和劳伦斯提出的关于组织结构设计的构想包含两个基本概念：一是"差异"或"差别化"，二是"综合"或"整体化"。

这里所说的"差异"，指的是企业内部不同部门的经理人员具有不同的认识水平和思想情绪，以及这些部门在正式组织结构方面的差别。洛希和劳伦斯不像古典管理理论学者那样，认为分工是决定企业效率和经济效益的唯一因素，而是认为企业的每一个生产部门实际上都是自成体系的小单位，这些部门的成员从他们的生产任务和人员素质出发，会很自然地形成本单位的发展方向和组织结构。由于不同部门处在企业内部不同的环境中（如销售、制造等），这些部门很自然地出现不同程度的差别。

另一个基本概念是"综合"，指的是面对外部环境的压力、挑战和要求，企业内部不同部门进行合作和协调的能力和水平。一般来说，企业在组织结构上的差别程度取决于外部环境的稳定性或不稳定性，以及这种环境的差异性或同一性。

洛希详细分析了如何把"差别化"和"整体化"（即"差异"和"综合"）的概念具体运用到组织结构设计的实践，从基本结构问题和运行机制问题两方面进行了论述。

组织基本结构的设计的步骤可分为3步。

（一）按任务划分单位

在这方面，根据"差异"和"综合"概念的原理，首先是要把任务类同的那些单位合并在一起，这既有助于消除"差异"，又可以简化协调"综合"的任务。其次是要把那些经常需要进行协调的单位合并在一起，这样在一个统一的领导之下，易于通过经营管理层协调企业的生产活动。因此，差异程度较小，综合程度较高的单位应该合并在一起。但是，如果有些单位差异程度较小，相互依赖程度较低，或者相反，差异程度较高，相互依赖程度也高，则划分这些单位的任务就会趋于复杂化。在这类情况下，划分单位时，必须在强调差异程度的准则与强调综合程度的准则这两者之间做出抉择。

（二）设计综合的手段

如上所述，按任务划分单位本身对于设计综合或整体化的手段和方式有着直接的影响。任何企业，其首要和主要的综合手段就是它的经营管理机构，按任务划分单位是通过经营管理机构进行的。但是，洛希的研究表明，除了企业的经营管理机构之外，还需要一些其他的综合手段，才能有效地组织企业的生产活动。例如，在企业内部设专职的综合部门或跨部门的综合机构。

（三）设计各个下属单位

在这方面，重点是建立好运行机制。处理好部门的任务与成员的需求之间的关系，这对人的激励有着特殊的意义。要设计好工作标准和奖惩制度，严格企业的规章制度。重要的是，部门领导及监督机制应有利于协调各部门之间的关系。

在运行机制这个问题上，不仅要考虑各单位内部的运行机制，还要考虑服务于整个企业的大运行机制。既需要建立鼓励"差别化"的运行机制，也需要建立促进综合和协调即"整体化"的运行机制。必须懂得，为了使企业能适应外部环境的挑战，应该设计出一种既有利于鼓励差异，又有利于促进综合和协调的奖励制度和工作标准。

考虑到企业基本结构和运行机制的设计对于解决企业内部矛盾和冲突可能发挥的作用和影响。基本结构设计时应考虑到把跨部门的联络和协调任务落实到能胜任此任务的具体人员身上，如果任命了这样的人员参与企业的决策，就有可能在企业内部形成一种能有效地解决矛盾和冲突的机制。

精彩语录

（1）组织的目标、工作的性质、职工的素质等对于组织结构和管理方式有很大的影响。凡是组织结构和管理层次的划分、职工的培训和工作的分配、工资报酬和控制程度等适合于工作性质和职工素质的企业，其效率就高；反之，其效率就低。

（2）不仅要考虑各单位内部的运行机制，还要考虑服务于整个企业的大运行机制。既需要建立鼓励"差别化"的运行机制，也需要建立促进综合和协调即"整体化"的运行机制。

（3）企业在组织结构上的差别程度取决于外部环境的稳定性或不稳定性，以及这种环境的差异性或同一性。

（4）古典管理理论的著名学者如亨利·法约尔、卢瑟·古利克、林德尔·厄威克、詹姆斯·穆尼以及他们的同事、追随者，其经验主要来源于20世纪初期工业企业的实践，来自弗里德里克·泰勒的管理工程理论。

（5）要把任务类同的那些单位合并在一起，这既有助于消除"差异"，又可以简化协调"综合"的任务。

推荐阅读

《组织学习》是管理理论大师阿吉里斯的名作。组织学习这一概念是阿吉里斯和舍恩在20世纪70年代第一次提出的，随后在西方管理领域引起了强烈的反响，成为学术界研究的热点问题。《组织学习》一书集中讨论这一当今管理研究中的重要课题——组织学习问题，并反映了组织学习领域的最新发展态势，是人们了解组织如何运作的一本不可或缺的读物。

《管理：任务、责任、实践》

关于作者 ·······

彼得·德鲁克的介绍见《管理实践》。

关于本书 ·······

　　1973 年，德鲁克出版了《管理：任务、责任、实践》一书，受到各国管理界人士的普遍重视。这本书无论在篇幅上还是在内容上都极为丰富，不仅被认为是德鲁克著作中最重要的著作，而且也是一本给企业经营者的系统化管理手册，为学习管理学的学生提供的系统化教科书，被人们誉为管理学的"圣经"和"百科全书"。

　　书中列举了管理责任的五大基础：制定目标、组织、激励和沟通、衡量、使人得到发展。他认为在每个方面，都必须采取正确的行动以确保正确的精神遍布这个管理组织：必须有高标准的表现要求，不可以容忍糟糕或低劣的表现，奖励必须以表现为基础；每项管理工作就其本身都是一个有益的工作；必须有一个合理和公正的提升系统；管理制度需要明确规定谁有权力做出事关管理者命运的决定，而且管理者必须有向更高部门申诉的渠道；在任命之际，管理部门必须显示出它已意识到整合能力是每位管理者必须具备且已具备的素质。

这本书是一部令人惊叹的管理巨著，论题广泛，它从任务、范围和方法等方面完善了管理作为一门学科的知识结构，并且对每项内容又都做了深入展现。在书中，充分体现出德鲁克的管理哲学思想。

内容梗概 · · · · · · ·

一、管理的任务

一般的管理书都将管理的技巧、工具和方法作为探讨的重点，而德鲁克这本管理书却将重点放在了管理的任务上。本书从管理的任务出发，首先从外部来考察管理并研究管理任务的范围及其各方面的必要条件（第一部），然后才在第二部中转而讨论组织的工作和管理的技巧，并在第三部中讨论高层管理及其任务、结构和战略。

在德鲁克看来，把管理看作一项任务是因为它有同任务相同的特征，这些特征包括，管理者要确保通过有效管理后取得成就，即是说都有目标，同时，管理者要对组织行为承担责任。作为一项任务，同样是由目标和责任构成的，因此，作者表面上把管理阐述为一种任务，实际上是看出了管理者必须要有明确的目标和必须要承担责任这两点。

（一）管理的目标

作者首先把管理的目标分为3种：对企业来说，要完成组织的任务；对组织成员而言，要激发他们的活力并使之有成就感；对社会而言，承担组织给社会造成影响的责任。为什么要首先强调管理的目标呢？因为一个组织的管理者对管理业务的目标是执行管理任务的前提，没有目标，管理活动就会陷入盲目的状态，会造成组织在人力、物力、财力方面的损失，产生的作用是消极的。可以说，成功的企业都有着明确的管理目标，并受到良好的管理控制。

接下来作者具体分析了管理的3个目标，这3个目标也是按实现的难易程度来划分层次的。

1. 完成组织的任务

这是最简单的也是最基本的任务。作为一个组织，它的类型可以是多种多样的，既可以是一个政府单位，也可以是一个企业，但无论组织是哪种类型，它肯定都会有自己的发展计划或发展目标。比如，对政府单位而言，其目标是执行好政府的职能；对企业而言，主要目标是实现最大利润。但光有目标是不够的，还需要切切实实地把目标变为现实结果，这样一个组织才能按计划一步步向前发展。

2. 激发组织成员的活力并使之有成就感

这一点明显比第一个目标增加了难度。其难度体现在人的思维、行动是不可调整和不可控制的。组织虽然会制定出一定的规章制度对人的行为加以约束，也会制定出一定的奖惩机制去促使成员奋发向上、不断进取，但这些东西都是死板的，对人的控制也只是外在的，真正要把成员的积极性、创造性调动起来，把他的责任心、自信心激发出来是需要更多付出的。同时，人是善变的，人的性格一旦变化，管理者就不得不对他进行重新认识，如果未能及时认清每个人的变化，会对管理的这个目标的实现造成不良影响。

3. 承担组织给社会造成影响的责任

这是不难理解的。影响组织的不仅有组织内部的机构和成员，也有组织外部的社会大环境。组织是社会的一员，社会是组织的外部环境，从组织角度看，社会给它带来了外来影响，对社会而言，组织也有一定的影响。因此二者之间的关系密不可分，互相影响。这些影响有好的方面，也有坏的方面，都是不可避免的。组织的管理者在承受社会给组织带来的好或坏的影响的同时也必须承担组织给社会带来的不良影响和后果。

（二）必须完成的任务

德鲁克认为企业和一切社会机构都是社会的器官，它们的存在完全是由于能满足社会的某种需要。而管理则是企业和社会机构的器官，它的存在完全是由于能以自己的职能服务于这些机构。因此，不能把管理看成是独立存在的东西，而只能把它看成是完成某种任务的手段。为了弄清管理是什么，首先要弄清管理的任务是什么，或者说，必须阐明管理的任务，才能阐明管理。

为了使机构能执行其职能并做出贡献，管理必须完成以下3项同等重要而又极不相同的任务：

1. 本机构的特殊目的和使命

一个机构是为了某种特殊目的和使命、某种特殊的社会职能而存在的。在工商企业中，这就意味着经济上的成就。工商企业的管理必须始终把经济上的成就放在首位，在每一项决策和行动中都这样。

2. 使工作富有活力，并使职工有成就

工商企业（或其他任何机构）只有一项真正的资源——人。它必须使职工有成就以便激励他们完成工作，并通过完成工作来使企业富有活力。

3. 处理本机构对社会的影响和对社会的责任

每一个机构都是社会的一个器官，而且是为社会而存在的。工商企业也不例外。企业不能由其本身来评定其好坏，只能由它对社会的影响来评定。

这3项任务常常是在同一时间和同一管理行为中去执行的，甚至不能讲某项任务占有更优先的地位或要求更高的技巧或能力。

（三）企业的职能

由于企业只是社会的一个器官，所以企业的目的必须在社会之中，而不能仅仅局限于企业本身。企业的目的是创造顾客，因此，企业有2项——而且只有2项——基本职能：市场销售和创新。只有市场销售和创新才产生出经济成果，其余的一切都是"成本"。

1. 市场销售

美国经济从1900年以来的经济革命在很大程度上是一种市场销售的革命。50年以前，美国工商界人士对市场销售的典型态度是，"销售部门所出售的是工厂所生产的任何东西"。而目前，他们所采取的态度是，"我们的任务是生产出市场所需要的东西"。这种方针虽然执行得还很不够，但它对美国的经济变革所产生的影响决不下于国家中的任何一项技术革新。

市场销售是企业特有的职能，是企业区别于学校、医院等所有其他组织的标志之一。德鲁克认为，一个组织，只要它是为了向市场销售一种产品或服务的，它就是一个企业，就需要像一个企业那样来管理它。

一个组织如果不是为了在市场上销售，或者只是偶尔为之，就不是企业，就不能像一个企业那样管理它。

市场销售也是企业核心的职能。德鲁克指出尽管市场销售也需要一套有别于其他活动的独立活动，但是，不能把它看成一个单独的职能，把它同制造、人事等其他职能等同看待，相提并论，而必须把它看作是企业全部活动的中心，使企业各个领导层的活动都围绕这个中心进行，都关心市场销售并为之承担责任。

2. 创新

要成为一个企业单有市场销售还远远不够。在一个静态经济中，并不存在着什么企业。企业只存在于一种扩展的经济中，或至少把变革看成既是自然的又是可以接受的经济之中。

企业是经济成长、扩展和变革的一种特殊器官。因此，企业的第二项职能就是创新，即不断地向社会提供出与以前不同的经济满足。德鲁克说："一个企业不一定要变得更大，但它必须经常地变得更好。"这也就是说，一个企业不能仅限于能向社会提供产品和服务，而必须能向社会提供更新、更好的产品和服务。

创新可以解释为使人力和物质拥有新的、更大的物质生产能力。具体来说，创新首先是指造成一种使人获得新的满足的新的产品或服务，而不是原有产品或服务的改进。虽然一般来说购买这种创新的产品或服务要花更多的钱，但创新却可以使经济更富有活力，而这种效果不是仅仅用产品的价格所能衡量的。其次，创新还可以表现为旧产品找到了新用途。德鲁克举了这样一个例子来加以说明：一个成功地向因纽特人出售了电冰箱以防止食物被冻坏的推销员，也如同发明了一种全新的生产过程或新产品的人一样，是一位创新者，因为他为现有产品找到了一个新的市场。虽然从工艺技术上讲，它还是原有产品，但从经济上讲却是一种创新。此外，创新还可以理解为使人力和物质资源拥有新的更大的物质生产能力。德鲁克认为，这一点对于发展中国家特别重要。这些国家虽然可以引进工艺技术，但必须进行社会创新，才能使引进的工艺技术发挥作用，在这一点上，日本是最成功的。最后，德鲁克特别指出，创新不是一个技术用语，而是一个社会的经济的用语。判断创新的标准不是科学和技术，而是经济或社会环境的变革，是消费者、生产者以及社会各阶层人们行为的变革。它所创造的不是新的科学知识，而是新的财富或行动的潜力。一个具有创新性的小企业能很快成长起来，一个失去了创新能力的大企业却必然要失去竞争力，而把它的市场份额让给具有创新能力的小企业。因此，一个不能创新的企业是注定要衰落和灭亡的。

对所有企业来说，创新也要像市场销售一样，不能只看成是个别部门的职能，而必须看成是涉及企业各个部门和各项活动的一项基本职能。同时，创新的重要意义也不仅限于生产企业，它对于商业、保险、银行及其他各类企业具有同样的作用。传统的做法是把产品和服务的创新工作交由一个部门专管，但是，为了使创新有系统、有目的地进行，就必须把它作为整个企业的一项活动，让企业的每一个部门都承担起创新的责任，并明确创新的目标，使它们都为企业的创新做出贡献。

二、管理者的任务和工作内容

在对管理的任务进行详细分析后，作者由这条线索自然延伸到管理者的任务和工作内容。

以前，管理人员被定义为"对其他人的工作负有责任的人"或"以个人方式做出贡献的专业人员"，其实，较为恰当的是强调指出其首要标志不是对人员的指挥，而是对贡献的责任。明确的标志和组织的原则应该是职能而不是权力。

（一）管理者的任务

管理人员有两项特殊的任务：第一项任务是创造出一个大于其各个组成部分的总和的真正的整体，一个富有活力的整体，它把投入于其中的各项资源转化为较各项资源的总和更多的东西。可以把它比拟为一个乐队的指挥，通过乐队指挥的理解和指挥，各种的乐器演奏形成了有生命力的音乐演出的整体。但乐队指挥有作曲家的乐谱为蓝本，他只是一个解释者，而管理人员则既是作曲家，又是乐队指挥。管理人员的第二项特殊任务是，在其每一项决定和行动中协调当前和长期要求。他如果牺牲了当前要求和长期要求中的任何一项，就会使企业受到危害。

管理人员的工作中有 5 项基本作业，它们合起来就把各种资源综合成为一个活生生的、成长中的有机体。这 5 项基本作业包括：一是制订目标，他决定目标应该是什么，为了实现这些目标应该做些什么，这些目标在每一领域中的具体目标是什么；二是从事组织工作，把工作分成各项可以管理的活动和作业，把这些作业和单位组合成为一个组织机构，选择人员来管理这些单位并执行这些作业；三是从事激励和信息交流工作；四是对工作成就进行衡量、分析、评价和解释，为每一个人确定一种衡量标准，使之集中注意整个组织的成就，同时又注意他本人的工作并帮助他做好工作；五是培养人，包括他自己。

管理人员的职务可以用 4 种方式来下定义：第一，特殊的职能，即职务本身，如市场研究经理或制造经理等。第二，当时当地具体的目标、完成期限以及由后果反馈的衡量。第三，由各种关系——向上的关系、向下的关系、横向的关系——来对职务下定义。第四，由该项职务所需的信息及一个管理人员在信息流程中的地位来下定义。从上述 4 个方面来仔细考虑自己的职务是每个管理人员的责任。

每一个管理人员，上至"大老板"，下至生产工长或主管办事员，都应该通过目标管理来自我控制，明确规定其目标。这些目标必须规定该人所管理的单位应达到的成就，必须规定他和他的单位在帮助其他单位实现目标时应做出什么贡献，还应规定他在实现自己的目标时能期望其他单位给予什么贡献。换句话说，从一开始就应把重点放在集体配合和集体成果上，这些目标始终应该是以公司的总目标为依据。每一个管理人员的目标应该规定自己对实现公司在各个领域的总目标做出的贡献。目标管理的最大优点，也许是它使得一位管理人员能控制自己的成就。自我控制意味着更强的激励：一种要做到最好而不是敷衍了事的愿望。它意味着更高的成就目标和更广阔的眼界。目标管理即使不一定能使企业的管理集团在方向和努力上获得一致，但一定能做到通过自我控制来管理。

（二）管理者的技能

在工作内容上，管理者有一个固定的模式，即有一些共同之处：目标制定、职务分工、对外交流、对内控制等。较高的职务位置在组织中，使得管理者们必须具有良好的管理能力，以适应其工作内容的要求。作者认为在组织中，每个职务的管理者必须做好本职工作，尽自己的能力做出最大贡献，既有利于组织的发展，也有利于管理者自身能力才华的展现和个人目标的实现。管理者也应具有一定的技术知识和能力，因为管理者对组织特别是企业的各个部门都有影响。如果管理者对技术部门的一些技术知识不了解而对该部门进行指挥，必然容易出现错误，给组织带来不利影响。管理者更需要对企业的一些基本技能有一个清楚的了解甚至掌握。

管理人员的管理技能包括下列 4 项：做出有效的决策；在组织内部和外部进行信息交流；正确运用核查、控制与衡量；正确运用分析工具即管理科学。掌握所有管理技能对任何一位管理者来说都不太现实，但这些基本的管理技术却是作为管理人员必须了解的。

1. 做出有效的决策

做出有效的决策是管理人员需要掌握的第一项技能。为了掌握此项技能，首先要了解决策的基本过程。德鲁克从对比日本人同西方人不同决策方法中，指出日本人的决策特点是把注意的中心放在确定问题上，而不是放在提供答案上。因为如果确定的问题是错误的，就必然导致无可挽救的结局。其次是先把各种不同的有关看法都提出来探讨，然后，再把注意的中心放在可供选择的方案上。这样的决策是在经过充分讨论，取得一致意见的基础上形成的，因而一旦做出决策，就能得到顺利执行，而无须经理人员再去"推销"它。

2. 在组织内部和外部进行信息交流

从关于信息交流的基本原则中可以知道，许多管理人员向下级做信息交流总是不成功的原因，首先在于他们把重点放在"我们要说"上，即放在发讯者身上。然而，如果他们不知道职工能知道些什么，期待知道些什么，想做些什么，就不可能成功地进行信息交流。无论这些管理人员说得或写得怎样好，也是白费功夫。因此，单靠自上而下的信息交流是行不通的；只有成功地进行了自下而上的信息之后，才可以进行自上而下的信息交流。这就是说，成功的信息交流都是把重点放在信息发出者和接受者双方都能理解的事物上，放在预定接受者已有动机的事物上。为此，发讯者预先就要了解信息接受者的价值观、信念和愿望。

3. 正确运用核查、控制与衡量

德鲁克总结出企业中的核查有 3 个主要特点：核查可能不是客观的或中性的，而是主观的、有倾向性的；核查必须把重点放在成果上，而企业的成果只存在于外部，存在于经济、社会、顾客之中，企业内部的所有事物——制造、销售、研究等——只形成成本，只是一种"成本中心"；对可衡量的事件和不可衡量的事件都需要核查，否则会给人以错误的信息。核查必须符合以下 7 项规范：符合经济性原则；必须是有意义的；核查必须适合于被衡量对象的特点和性质；衡量的尺度必须同被衡量的事件相称；核查必须适时、简单；必须是能被使用的；最后，核查制度必须同组织的最终控制相一致。

4. 正确运用管理科学这种分析工具

德鲁克认为，迄今为止，管理科学取得的成就不大的原因在于管理科学中大部分的重点不在于这样一些重要的问题，如"工商企业是什么"，"管理是什么"，"企业和管理做的是什么？它们需要的是什么"，而把重点放在"什么地方我可以应用我这套漂亮的小玩意儿呢"，强调的是钉锤，而不是把钉子敲进去，当然更不是造房子了。

管理人员要使管理科学产生良好的效果，应对管理科学承担起责任来，对这些工具进行管理。应该在管理科学家的密切配合下对管理科学提出以下 4 项要求和期望：管理科学家要对各种假设进行检验；他们要确定应提出一些什么样的正确的问题；他们要提出各种可供选择的方案而不是提出答案；他们要把注意力集中在理解上，而不是集中在公式上。这 4 项要求和期望依据的都是下述假设：管理科学不是计算的方法而是分析的工具，它的目的是帮助管理人员深入认识和进行诊断。

三、高层管理者的职务内容

德鲁克在书的后一部分内容里谈到了高层管理者的职务内容。这一部分内容是上述理论的具体化。在组织的管理层中，有些工作的任务和责任只有高层管理者才能承担并完成。这些工作具有自身的特点，其重要性高于其他任何工作，甚至是关系到组织生存的重要工作。比如制订组织的战略目标、发展进程，又比如组织内部结构的改革等，这些问题不是组织中每个人可以完成的，在组织管理者中，也不是每个管理者都可胜任的，因此只有有组织才能的领导者才能承担这些任务的责任。有些战略计划对某些组织来说是合适的，而对另一些组织来说又都是不合适的，作为组织的高层管理者，也需要具有辨别分析能力。高层管理有时并不是一个人所能承担的，不仅仅在责任上不是一个人可以承担的，更重要的是一个人不容易做出正确的决策，需要由几个人构成一个领导班子来共同执行，共同承担责任。还有一个原因是不同的人有不同的个性和特点，几个人组合在一起，可以满足不同方面的不同人才需求。领导班子要相互尊重、共同致力于组织的发展。

精 彩 语 录

（1）管理必须使个人、集体和社会的价值观、志向和传统为了一个共同的生产目的而成为生产性的。

（2）明确的标志和组织的原则应该是职能而不是权力。

（3）组织的管理者在承受社会给组织带来的好或坏的影响的同时也必须为组织给社会带来的不良影响承担责任。

（4）组织为社会福利事业做贡献既有利于组织本身，也有利于社会发展，是一举两得的好事情。

（5）归根到底，管理是一种实践。其本质不在于"知"，而在于"行"；其验证不在于逻辑，而在于成果；其唯一权威就是成就。

（6）科学管理不过是一种节约劳动的手段。也就是说，科学管理是能使工人取得比现在高得多的效率的一种适合的、正确的手段而已。

（7）一个工商企业中的创新必须始终以市场为中心，如果以产品为中心，很可能产生一些"技术上的奇迹"，而报酬却令人失望。

（8）在影响对人员的管理的感效的因素中，也许最重要的一个因素是能否把人员安置在能使他们的力量成为富有活力的地方。

（9）即使是最强大的企业也必须听命于环境，否则，有可能被环境毫无顾忌地消灭掉。但是，即使是最弱小的企业，也不仅仅是为了适应环境，而且还试图影响整个经济和社会。

（10）高层管理及其战略受到企业规模的重大影响，同时又对企业规模有重大影响。所以，高层管理应使本企业保持适当的规模。

推 荐 阅 读

《创新与企业家精神》是德鲁克对创新与企业家精神的研究成果。这一研究始于20世纪50年代中期，经过30余年的研究和实践。在这本书中，德鲁克首次把创新与企业家精神视为可组织（且需要加以组织）的、有目的的任务和系统化的工作，同时，创新与发扬企业家精神也是管理者的工作与责任。

《管理工作的本质》

关于作者 ·······

　　亨利·明茨伯格是加拿大的管理学家，在管理学领域始终是一个非常引人注目的人物，他的管理思想主要体现在组织管理和战略管理方面。他是经理角色管理学派的主要代表人物，是世界上最杰出的管理思想家之一，是美国战略管理协会的创始人和前任主席。他对管理工作的性质、组织的形式与策略组织的过程的研究十分精辟。

　　明茨伯格出生于 1939 年，1961 年在加拿大麦吉尔大学获机械工程学士学位，1962 年获乔治·威廉士大学文学学士学位，1965 年获得美国麻省理工学院管理学硕士学位，1968 年获得该院斯隆管理学院博士学位。他长期在麦吉尔大学任教，现为该校管理学教授，并担任《战略管理》、《管理研究》、《一般管理、经济和工业民主》、《行政管理》、《企业战略》等杂志的编委，又是加拿大皇家学会会员。

　　明茨伯格在进入学术界之前，曾在加拿大国家铁路局担任营运方面的研究。他长期担任加拿大麦吉尔大学管理研究部克雷格霍恩讲座教授、法国欧洲管理学院的组织学教授，并担任《战略管理》、《管理研究》、《行政管理》、《企业战略》等杂志的编委。明茨伯格还被任命为加拿大教会与魁北克教会的官员，并拥有 9 所大学的荣誉学位。他于 1988 年～1991 年间担任策略管理协会的董事长，也被选为加拿大皇家协会、管理学院与国际管理学院的会员，他是加拿大皇家协会有史以来第一位来自于管理学领域的会员，被《金融时报》推举为全球伟大的管理学思想家之一。

作为 2000 年美国管理科学院杰出学术贡献奖的获得者，明茨伯格已经出版了 14 本与管理学有关的畅销书，其中，最具影响力的学术著作包括《管理工作的本质》、《组织的结构》、《明茨伯格谈管理》、《战略规划的起落》、《加拿大的处境》、《策略狩猎》、《为什么我讨厌搭飞机》等。他刊载于《哈佛商业评论》上的两篇文章也获得麦肯锡奖的肯定。

明茨伯格的主要著作《管理工作的本质》，是经理角色管理学派最早出版的经典著作。经理角色管理学派是 20 世纪 70 年代在西方出现的一个管理学派，它以对经理所担任的角色的分析为中心来考察经理的职务和工作，以求提高管理效率。明茨伯格的经理角色理论是在现代企业组织理论基础上发展起来的，是在经营权与所有权分离以后经理成为一种职业的产物。该理论不仅对理解经理人的角色、工作性质、职能、经理的培养具有重要意义，而且还对如何提高经理的工作效率，如何建立经营管理体制（如激励机制、监控机制、决策机制）等具有重要的现实意义。

在管理学领域，明茨伯格时常提出一些打破传统的独到见解，也正因为如此，他被很多正统学者认为是离经叛道的代表人物。然而无可否认的是，每当明茨伯格提出任何新的理论和观点之时，都会在整个管理学界掀起一股热潮。

关于本书 ·······

《管理工作的本质》于 1973 年出版，是明茨伯格的主要代表作，也是经理角色学派最早出版的经典著作。

本书是以明茨伯格 1968 年完成的博士学位论文《工作中的经理——由有结构的观察确定的经理的活动、角色和程序》以及其他有关的文献为基础写成的。本书中，经理是指正式负责一个机构或其下属单位的人，拥有正式的权力和地位。该书在介绍和评价了当代关于经理职务的几个主要学派（古典学派、伟人学派、企业家学派、决策理论学派、领导者权力学派、领导者行为学派和工作活动学派）的主要观点的基础上，全面阐述了经理工作的特点、经理所担任的角色、经理工作中的变化及经理职务的类型、提高经理工作效率的要点、经理工作的未来等，并评价了其他管理学派有关经理职务的各种观点。明茨伯格等人之所以被叫作经理角色学派，是由于他们以对经理所担任的角色为中心来分析经理的职务和工作，以求提高管理效率。他们所讲的"经理"是指一个正式组织或组织单位的主要负责人，拥有正式的权力的职位。至于"角色"，则如明茨伯格在本书中所解释的："角色这一概念是行为科学从舞台术语中借用到管理学里来的。角色就是属于一定职责或地位的一套有条理的行为……演员、经理和其他人的角色都是事先规定好的，虽然各人可能以不同的方式来解释这些角色。"

《管理工作的本质》分为 7 章：第一章，概述；第二章，研究管理者工作的八大学派；第三章，管理工作的主要特征；第四章，管理者的工作角色；第五章，管理者工作的变量；第六章，科学与管理者的工作；第七章，管理工作的未来。

明茨伯格在概述中主要阐明本书的目的和结构，指出本书第二章是描述经理工作的开场白，评论了当前的文献和 8 个学派。第三章到第六章是本书的主体，分别讨论经理工作的特性、经理担任的角色、经理工作的差别和不同的职务类型、经理职务和管理科学的关系。第七章则把全部调查结果加以综合性的总结，从而把第三章至第六章的理论联系在一起了。

● ● ● ● ● ● ●

内容梗概

一、经理工作的特点

管理工作实际上是非常繁杂的，每一位经理的工作时间表常被排得满满当当的，可是这么多的工作中是不是存在共同之处呢？也就是说，这些经理是否在做着一些相同的事呢？事实上正是这样，这些共同特点可以从如下几个方面来考察：工作量和工作进度；重点工作内容；工作的计划与实施；工作方式；对外联络以及权利与职责。

（一）工作量大，步调紧张

经理由于全面负责一个组织或组织中的一个单位（如车间、部门）的工作，并要同外界联系，所以总有大量的工作要做。因而必须毫不松懈，保持紧张的步调，很少有休息的时间。高级经理尤其是这样。

经理之所以会工作量大而步调紧张，是由于经理职务本身的广泛性以及工作没有一个明确的结束标志。工程师的设计或律师的案件都有个终结，而经理必须永远前进，永远不能肯定何时已获得成功或何时可能失败，永远必须以紧张的步调工作。

（二）工作活动短暂、多样而琐碎

有的调查发现，某个车间主任每天平均得应付 583 件事。他的活动的特点是中断性、多样性、不连续性。这与一般工人的工作不同。他们的工作重复而不常中断，并从属于稳定而无变化的节奏。

经理往往不愿采取措施改变工作中的这种短暂、多样而琐碎的情况。这是由于，他的工作量太多，而他又意识到自己对组织的价值，因而对自己工作时间的机会成本（由于做某件事而不做另一件事所造成的损失）特别敏感。于是就用这种短暂、多样而琐碎的方式来工作。这样，必然造成经理工作中的肤浅性，而这是必须努力加以克服的。

（三）积极面对现实

经理趋向于把注意和精力放在现场的、具体的、非常规的活动。他对现实的、涉及具体问题和当前大家关心的问题做出积极的反应，而对例行报表及定期报告则不那么关心。他们强烈地希望获得最新信息。因此，他们经常通过闲谈、传闻、推测等来收集非正式的、及时的信息。从经理们对时间的安排也可以看出这点。有项调查表明，在总经理的 14 次口头联系中，只有一次是事先计划的，其余 13 次都是有关现实问题的非常规活动。

（四）爱用口头交谈方式

经理使用的工作联系方式主要有 5 种：邮件（书面通信）、电话、未经安排的会晤（非正式的面谈）和经过安排的会晤（正式的面谈）以及视察（直观的）。这几种联系方式有很大的差别。不过根据明茨伯格的调查材料表明，经理们都倾向用口头交谈方式。他们用在口头交谈上的时间占很大比重。明茨伯格认为，经理并不需要从事具体的作业性工作，通过口头联系等方式来指导和安排别人的工作就是他的职责。所以，经理的生产性输出基本上能够用他口头传递的信息量来衡量。

（五）重视同外部和下属的信息联系

经理一般同 3 个方面维持信息联系：一是上级（总经理的上级是董事会）；二是外界（指经理所管理单位以外的人们）；三就是下属。经理实际上处于其下属和其他人之间，用各种方式把他们联系起来。调查材料表明，经理与下属进行联系所花费的时间占相当大的比重，通常占他全部口头联系时间的 $1/3 \sim 1/2$，而他与上级联系的时间一般只占 $1/10$。他与外界联系的时间通常比同下属联系所占的时间还要多，约占全部联系时间的 $1/3 \sim 1/2$。

（六）权力和责任相结合

经理的责任是很重大的，经常有紧急事务要处理，似乎很难控制环境和他自己的时间。但他也有很大的权力。他可以采取一些措施，在解决问题的过程中想出一些新的主意，把问题变成机会，为企业的发展服务。

经理工作无论多么繁忙，但都有一个共同特点，那就是他们的工作都是不变化的，没有一件工作是稳定而长期的。原因在于：

（1）经理每天都会面临许多十分琐碎的事情，而这些事情又不得不去处理，而且时间上也肯定非常紧迫。这些事情没有专业化的特点，比如处理失火事件、签合同、开会等。

（2）经理无法不考虑工作机会成本。如果他专注于做某一件事，必然放弃做另一件事，这就是他所付出的代价。一般而言，如果要把时间长期放在某一件事上，是得不偿失的，这些事最终就算完成得不好，但只要花费时间不多，还是会比尽管完成得好但花费时间长所带来的收益要多。

（3）经理的工作都在变化，不断有新的工作内容。这是因为经理对一些例行工作不感兴趣，也是出于成本的考虑。这样做对工作效益也有提高的作用。

二、经理的角色

经理的职权可大体分为两个方面，一是初步决定权，二是执行监督权。初步决定权是指经理对公司事务做出初步的决定。执行监督权是指经理对公司的决策执行情况进行监督。责任与权力同步，初步决定的正确与否，监督执行的效果如何，经理都要负主要责任。

经理在工作中所担任的角色总的来说有以下10种：挂名首脑、联络者、领导者、监听者、传播者、发言人、企业家、故障排除者、资源分配者和谈判者。这些角色是从不同的角度来划分的，前3种是从人际关系角度来界定的，接着第4种到第6种是从信息角度来界定的，后面的4种是从决策角度来界定的。作者接着对这10种角色分别进行了详细解释。

（一）挂名首脑

挂名首脑这一角色在其他管理学著作中较少被提到。明茨伯格认为这是经理所担任的最基本和最简单的角色。经理由于其正式权威，是一个组织的象征，必须履行许多这类性质的职责。

（二）领导者

经理作为一个组织的正式首长，要负责对下属进行激励和引导，包括对下属的雇佣、训练、评价、报酬、提升、表扬、批评、干预以至开除。

（三）联络者

联络者角色涉及的是经理同他所领导的组织以外的无数个人和团体维持关系的重要网络。经理通过各种正式的渠道来建立和维持本组织同外界的联系。

（四）信息接受者

经理获得的信息大致有以下5类，它们分别是：内部业务的信息；

外部事件的信息；分析报告；各种意见和倾向；压力。

（五）信息传播者

明茨伯格所指的是经理把外部信息传播给他的组织，把内部信息从一位下属传播给另一位下属。

（六）发言人

经理的信息传播者角色所面向的是组织内部，而其发言人角色则面向组织外部，把本组织的信息向组织周围的环境传播。

（七）企业家

经理的企业家角色指的是经理在其职权范围内充当本组织许多变革的发起者和设计者。企业家这个术语是从经济学家那里借用来的，但却对企业家的职能赋以了更为广阔的含义。

（八）故障排除者

经理的企业家角色是把注意力集中于导致组织变革的自愿行动，而经理的故障排除者角色则处理非自愿的情况以及其中含有不能控制的因素的变革。

（九）资源分配者

经理的资源分配者角色有以下 3 个组成部分：

第一，安排自己的时间。经理的时间本身就是组织中最宝贵的资源之一。更重要的是，经理的时间安排决定着他的整个行程安排。

第二，安排工作。经理的职责是为其组织建立工作制度——要做些什么事，谁去做，通过什么机构去做，等等。

第三，对重要决定的实施进行事先批准。这样他就可以对资源的分配维持连续的控制。

（十）谈判者

组织不时地要同其他组织或个人进行重大的、非程式的谈判。这种谈判通常是由经理带队进行的。这就是经理所要扮演的谈判者角色。

这 10 种角色是一个相互联系、密不可分的整体，人际关系方面的角色产生于经理在组织中的正式权威和地位；这又产生出信息方面的 3 个角色，使他成为某种特别的组织内部信息的重要神经中枢；而获得信息的独特地位又使经理在组织做出重大决策（战略性决策）时处于举足轻重的中心地位，使其得以担任决策方面的 4 个角色。

这 10 种角色表明，经理从组织的角度来看是一位全面负责的人，但事实上同时又要担任一系列的专业化工作，既是通才又是专家。

10 种角色还表明经理有 6 个基本的目标：保证组织有效率地生产出某些产品和服务；设计并维持组织业务的稳定性；使组织以一种可控制的方式适应变动中的环境；保证组织实现控制它的那些人的目的；担任组织及其环境之间的关键的信息环节；使组织的等级制度运转。

三、经理工作的权变理论

在各种类型的经理职务中，既有共同性，又有差异性和变化，但共同性大于差异性。为了全面地认识经理的工作，对其差异性和变化也必须加以分析。

经理工作在内容和特点上的差别可以用 4 个方面的变数来解释：

一是环境方面的变数，包括周围环境、产业部门以及组织的特点；

二是职务方面的变数，包括职务的级别及所负担的职能；

三是个人方面的变数，包括担任该项职务者的个性和风格上的特点；

四是情绪方面的变数，包括许多与时间、事件有关的因素。

经理工作的变化可概括归类为 8 种基本类型：联系人（强调联络者和挂名首脑的角色）；政治经理（强调发言人和谈判者的角色）；企业家（企业家和谈判者的角色）；内当家（资源分配者角色）；实时经理（故障排除者角色）；协调经理（领导者角色）；专家经理（监听者和发言人角色）；新型经理（联络者和监管者角色）。

四、经理工作的程序

经理工作虽然琐碎复杂，但并非杂乱无章，还是有一定的程序的。经理工作程序化就是指经理对管理过程加以仔细分析，明确各个过程的具体内容，将各个过程结合在一起，科学地编制成工作的程序。

经理工作程序化有利于提高工作效率，节约时间，降低工作成本。但是，经理在制定程序时，必须与分析者合作。原因在于：第一，分析者可以帮助经理就获得的各种不完整而且粗糙的信息加以区别，建立数据库对信息进行监视，使经理节省时间，在短时间获得质量高且内容丰富的信息；第二，分析者可以帮助经理以专业方法制定战略决策系统；第三，分析者可以帮助经理预测和应付突发事件，监督项目的进展情况。可见，分析者的作用是不可或缺的，它实际上担当起了经理的专业助手的职能，对经理工作效率的提高和组织的发展都有巨大贡献。

五、经理工作效率的提高

明茨伯格针对如何提高经理的工作效率这一问题，提出了10个重点：

（一）与下属共享信息

信息是下属有效地进行工作所必需的，下属由于地位和条件的限制，难于获得足够的信息，必须依靠经理来获得某些信息，如顾客的新想法、供应商的动向和环境中的变化等。

（二）自觉地克服工作中的表面性

明茨伯格指出，由于经理的工作量大、紧张、多样、琐碎、简短，很容易浮于表面。经理必须自觉对待驱使他在工作中浮于表面的压力。有一些问题，他必须集中精力，深刻理解；另一些问题，他只需粗略地过问一下就行了。经理必须在这两者之间进行权衡。

（三）由多人分担经理的职务

克服经理工作负担过重的一个办法是由两三个人来共同分担经理职务，形成"两位一体"、"三位一体"、"管理小组"、"总经理办公室"等领导体制。其中"两位一体"的形式尤为普遍。

（四）充分利用各种职责为组织目标服务

经理必须履行各种职责，花费许多时间。有的经理在遭到挫折或失败时，往往归咎于自己的职责太多，以致未能把工作做得更好。其实，他应该归咎于自己没有尽可能地利用各种职责来为自己组织的目的服务。

（五）腾出时间规划未来

经理有责任来保证他的组织既能有效地生产今天所需的商品和服务，又能适应未来，得到发展，这就要摆脱一些不必要的工作，腾出时间规划未来。

（六）根据情况选择相应角色

经理虽然要全面地担任 10 种角色，但在不同的情况下要有不同的重点。如政府机构中的经理可能要以联络者角色和发言人角色为重点；直线生产经理可能要以故障排除者角色和发言人角色为重点。

（七）具体情节与全局相结合

经理人员必须把具体情节汇合起来形成自己的整体概念。为了做到这点，经理人员除了掌握必要的信息以形成自己的模型之外，还要参考别人提出的各种模型。

（八）充分认识自己在组织中的影响

下属对经理的任何言行都是极为敏感的。所以，经理要充分认识到自己对组织的影响，凡事谨慎从事。这点不但适用于小型组织，也适用于大型组织。

（九）妥善处理各种对组织施加影响的力量的关系

对组织施加影响的力量有：职工、股东、政府、工会、公众、学者、顾客、供货者等。经理必须对这些力量的利益和要求加以平衡，并妥善处理。

（十）利用管理科学家的知识和才能

经理所要处理的问题日益众多和复杂，所以必须在编制工作日程、做出战略决策等方面利用管理科学家的知识和才能。

精 彩 语 录

（1）经理工作无论多么繁忙，但都有一个共同特点，那就是他们的工作都是变化的，没有一件工作是稳定的、长期的。

（2）经理的各种角色中最简单的是挂名首脑的角色，它把经理看作是一种象征，必须担任许多社会的、激励的、法律的以及礼仪的职务。

（3）经理作为资源分配者监督他的机构所有物力的分配，从而保持着对机构决策过程的控制。

（4）经理必须对组织的战略决策系统全面负责，通过这个系统做出重要的决策并使之互相联系。

（5）在某种情况下，一个经理除了担任他平时的经理角色以外，还必须担任一个专家的角色。

（6）经理作为监听者必须不断地从各种来源搜寻并获得内部和外部的信息，以便对工作环境有一个彻底的了解。

推荐阅读

《战略规划的起落》是明茨伯格的一部重要著作。战略制定的工作一直被视为管理活动的至高境界，然而，长期以来，绝大多数的企业经理人一直在漫无目标地四处探求，茫无头绪。亨利·明茨伯格以他的《战略规划的起落》一书，率领人们通过战略管理领域的莽原荒野。

《要经理人，不要MBA》是明茨伯格一本相当有影响力的著作，它折射出了其独到的思想内涵。本书中，明茨伯格把商学院摔在地上，这位商学院教授详尽分析了MBA教育的严重后果：教育过程的堕落、管理实践的堕落、组织的堕落、社会机构的堕落。举个例子："试图把管理学教给一个从未进行过管理的人，就好比把心理学教给一个从未接触过其他人的人。"《要经理人，不要MBA》不光是在抨击，该书还是一份惊人的宣言，呼吁对管理学教育以及我们看待这种教育的方式进行彻底改革。

《公司战略计划》是明茨伯格的又一力作，体现作者在战略过程方面的出色研究。本书深刻改变了人们对于"公司战略计划"的观念，可称得上是惊世之作！本书通过严谨的分析和论证深刻揭示了"公司战略计划"这一核心问题的本质及其矛盾性，对市面上流行的种种貌似有理的观点——予以批驳，见解独到，引人深思。任何一位管理人或准备从事管理工作的人都应该好好阅读本书，并深入反省究竟是什么使得自己的公司陷入失败。

《新管理方格》

关于作者 •••••••

罗伯特·罗杰斯·布莱克和简·莫顿，美国著名行为科学家和经营学家，著名的"管理方格"理论的提出者。1918 年布莱克出生于美国马萨诸塞州的布鲁克林市，1940 年获贝利学院学士学位，1941 年获弗吉尼大学硕士学位。1942 年～1945 年曾在美国空军中服役，1947 年获得克萨斯大学博士学位，1947 年～1964 年为得克萨斯大学心理学教授，1949 年～1950 年成为富布赖特学者，1961 年起任得克萨斯州奥斯汀科学方法公司总裁。此外，他还先后为英国里兹大学讲座教授、伦敦塔维斯托克诊所的临床心理学家、美国哈佛大学研究协会讲座教授、日本东京工商行政管理学院行为科学系荣誉成员、美国心理学学会特别会员、国际应用社会科学家协会会员、通用语义学研究所理事等。

布莱克对管理理论的最重要贡献，是他和莫顿一起提出的"管理方格"法。他们提出这种方法，主要是为了避免在企业管理工作中出现趋于极端的方式，提倡要走 X 理论和 Y 理论相结合的道路。这是一种企业领导方式及其有效性的理论。《管理方格》一书出版后长期畅销，对西方的经理阶层和管理学界有较大的影响。该书于 1978 年修订再版，改名为《新管理方格》。《新管理方格》一书出版后，对西方的经理阶层和管理学界有较大的影响，作者在该书中运用社会学、心理学、人类学、管理学等学科的方法对各个方格所代表的领导方式做了有趣的探讨和评价。

简·莫顿，1930年出生于美国，1957年在得克萨斯大学获得心理学哲学博士学位，不久担任该校心理学系副教授，专门从事行为科学，特别是组织与管理领域的研究。

她曾经是科学方法公司总裁及共同创办人，和罗伯特·布莱克共同研发管理方格理论。

她是美国心理学会会员，拥有产业和组织心理学及美国人心理学委员会的证照，美国人科学促进协会会员。她除了进行组织发展领域的研究之外，也参与顺从、输赢冲突动力学及创造性决策等主题的研究。

简·莫顿和罗伯特·布莱克共同发展了管理方格理论。这是一个关于领导效果和管理实践的理论，它对那些试图把生产中的两大要素——人和产品结合起来的基础研究进行验证和比较。莫顿与布莱克共同开展的研究结果表明，通过加强参与、调查研究、提倡公正和批评等领导手段可以提高个人和组织的成效。

莫顿探索的另一个领域是共同参与的学习模式。共同参与是一种以学生为中心的教学方法，它要求培养学生的自我责任感。在为此而制订的学习计划里，学生被看作是学习过程中的积极参与者，他们共同参与倾听、解释、评价和互相间的影响。

莫顿和布莱克于1964年合著了《管理方格》。1978年，他们把这本书修订再版，更名为《新管理方格》。此外她还与罗伯特·布莱克共同著有《秘书方格》、《教育行政方格》。

关于本书 ·······

美国行为科学家罗伯特·布莱克和简·莫顿在1964年出版的《管理方格》一书中提出了管理方格理论，它是研究企业的领导方式及其有效性的理论。这种理论倡导用方格图表示和研究领导方式。他们认为，在企业管理的领导工作中往往出现一些极端的方式，或者以生产为中心，或者以人为中心，或者以X理论为依据而强调靠监督，或者以Y理论为依据而强调相信人。为避免趋于极端，克服以往各种领导方式理论中的"非此即彼"的绝对化观点，他们指出：在对生产关心的领导方式和对人关心的领导方式之间，可以有使二者在不同程度上互相结合的多种领导方式。为此，他们就企业中的领导方式问题提出了管理方格法，使用自己设计的一张纵轴和横轴各9等分的方格图，纵轴和横轴分别表示企业领导者对人和对生产的关心程度。第1格表示关心程度最小，第9格表示关心程度最大。全图总共81个小方格，分别表示"对生产的关心"和"对人的关心"这两个基本因素以不同比例结合的领导方式。

布莱克和莫顿认为9·9管理方式表明，在对生产的关心和对人的关心这两个因素之间，并没有必然的冲突。他们通过有情报根据的自由选择、积极参与、相互信任、开放的沟通、目标和目的、冲突的解决办法、个人责任、评论、工作活动等9个方面的比较，认为9·9定向方式最有利于企业的绩效。所以，企业领导者应该客观地分析企业内外的各种情况，把自己的领导方式改造成为9·9理想型管理方式，以达到最高的效率。

这两位作者还根据自己从事组织开发的经验，总结出向9·9管理方式发展的5个阶段的培训。管理方格理论在美国和许多工业发达国家受到一些管理学者和企业家的重视。《管理方格》一书对美国经理阶层及管理学界有较大影响，出版后长期畅销，印数接近100万册。该书于1978年修订再版，改名为《新管理方格》。《新管理方格》在我国有中译本，孔令济等译，中国社会科学出版社1986年出版，是"国外经济管理名著丛书"中的一种。

内容梗概 ·······

在管理方格理论提出之前，管理界普遍存在着这样一种认识，认为在企业管理的工作中要么以科学管理为主要方式，要么以人群关系为主要方式；要么以生产为中心，要么以人为中心；要么以 X 理论为依据，要么以 Y 理论为依据。这实际上是一种极端的方式，为了澄清这种理论上的弊端，作者写了这本书，指出可以采取在不同程度上互相结合的多种领导方式。

一、组织的普遍特征

作者首先指出，只有在人与人之间进行公开坦率的交往，才有可能充分发挥人的作用，从而正确地解决问题和做出决策。如果没有这种交往，一个组织是不大可能成功的。管理方格理论就是集中研究了什么样的情况会导致人与人的交往无效，什么样的情况可以使它有效，以及什么样的行动可以使无效的交往变得有效。要回答这些问题，首先必须了解管理人员对自己工作中的交往是否有正确的评价。

为此，他们设计了一张问卷，针对管理人员的决策、信念、冲突、性情、涵养及努力6个行为因素，分别列出各种可能的选择，由管理人员根据自己在管理中的真实行为，选择相应的答案，以正确了解自己真实的管理方式。

作者认为所有组织普遍具有3种主要特征，对这些普遍特性加以有效管理，是通过健全的组织进行有效生产的决定条件。这3个特征是：

（1）目的。每个组织都有其自己的目的或目标，很难设想一个无目标的组织如何生存。目前，把生产作为组织的目的是合乎实际的。工业组织的目的是利润，为了实现这个目的，就要生产产品和服务，因而它可以用生产表示。

（2）人。人是组织的另一特征，没有人就不可能达到组织的目标，组织也不可能在一个人单独行动的环境下存在。

（3）权力。即组织的等级制度。要达到组织目的必须经过许多人的努力，这个过程的结果是有些人通过等级制度的安排而得到管理别人的权力。组织内许多人的共同活动必须得到管理，结果就使组织中的每个人都处于权力等级制度的控制之下，其中有些人得到了权力去管理别人。不过，人们如何利用权力管理别人却是不相同的。

二、领导方格图

对
人
的
关
心

高									
9	**1·9乡村俱乐部管理** 注意人们建立和谐的关系需要，导致愉快友好组织气氛和工作速度						**9·9协作管理** 工作成就来自献身精神，在组织目的上利益一致，互相依存，从而导致信任和尊敬的关系		
8									
7									
6				**5·5组织人管理** 兼顾必须完成的工作和人们有较高士气来使适当的组织成绩成为可能					
5									
4									
3									
2			**1·1贫乏的管理** 为保持组织成员地位而以最少的努力去完成应做的工作				**9·1权威与服从** 安排工作条件采用使人的因素干扰最小的方法来达到工作效率		
1									

低　 1　 2　 3　 4　 5　 6　 7　 8　 9 　高

对生产的关心

领导方格图

以上组织的 3 个普遍特性的相互配合关系可以显示出一定的领导方式。它具体表现为领导者对生产的关心程度和对人的关心程度以及如何利用权力来取得工作成就。这些情况布莱克和莫顿非常巧妙地用一个方格图表示出来。在方格图中，各个方格的位置都表示一种特定领导方式的领导风格。

在图中，对生产的关心和对人的关心都是以9等分的刻度来表示的。1 代表关心程度最小，5 代表平均的或中等的关心程度，9 代表最大限度的关心，2～4和6～8也分别代表不同程度的关心。

从图中可以看出，按对生产与对人的不同关心程度的相互结合方式，可以划分出许多类型的领导方式，其中比较典型的是下列5种类型：

（一）9·1型

这是对生产最大关心与对人最小关心相结合的领导方式。按这种领导方式行事的领导者，一般靠行使职权来有效地控制他的下属成员，并把精力完全集中在取得最高生产量上，而对人的需要则漠不关心。这类领导人的特点是，力求使自己强而有力，能控制并统治别人。

在这种领导方式下，上下级之间是一种权威和服从的关系。这种领导方式在短期内可能取得较高的生产效率。但是，从长期来看，它的副作用却能使生产效率下降。这种管理方式是基于这样一种假设，即外部强加的指导和控制理所当然必须在组织的等级系统中自上而下地贯彻下去。9·1方式会使组织中的成员感到紧张、疲劳与消沉，继而会引起疑心和不信任等。

（二）1·9型

这是对生产最不关心与对人最关心相结合的领导方式。按这种领导方式行事的领导人员，把增进同事和下级对自己的良好感情放在第一位，而对生产效率则不关心。这种领导人员处事的信条是，只要能得到人们的支持和拥戴，他就是安全的。

因此，他总是设法满足下属成员的欲望和要求，而避免同他们"顶牛"。当发生冲突时，他总是设法平息有情绪者。他在推行自己的主张时，总是优先考虑他人的意见、态度和见解。因此，他很难真正实行正面的领导。在这种领导方式下，不论从短期来看，还是从长期来看，生产效率都不会高。一个组织渗透了1·9方式就会滋长一种懒散的、乡村俱乐部的气氛。部属的反应，从感到安全和感到在一种温暖友好的气氛中有保障，一直到感到窒息、受抑制、死水一潭和想要跳出这个圈子。1·9方式会使组织人员产生受虐和施虐的倾向，并产生疑心病症。

（三）1·1型

这种领导方式对生产和对人都极不关心。采用这种领导方式的领导人员，在工作上付出的努力最少。他只求在组织中能保住职位，而不愿意做出有益于同事和组织的贡献。他在工作中既不想改变环境，也不想受到这一环境中的他人的喜爱和好评。他对下属人员的激励是退却和顺从，但不超越制度。他照章办事，但这仅仅是为了不受他人的非议。他对待冲突的态度是保持中立，尽可能地置身于局外。在这种领导方式下，生产效率只能维持在一个最低的但还可以容忍的水平上。

（四）5·5型

这是一种属于"中间道路"的领导类型。采用这种领导方式的领导人员行事的原则是，始终与多数人保持一致，而从不跑到前面。他的座右铭是："如果我的想法、看法和行动像大家一样，而又稍有过之，那我就是一个地位牢固的领导人员。"他的工作方法不是用命令和指挥来推动工作，而是通过激励和沟通，以恳求和说服，使他人愿意工作。这类管理人员的特点是缺乏首创精神，他宁肯依赖传统、过去的实践和他人的判断。因此，从长期来看，这类领导人员必然要逐渐落在别人的后面。

（五）9·9型

这种领导方式对生产和对人的关心都处于一个很高的水平上。总的来看，这是一种协作式的领导方式。采用这种领导方式的领导人员鼓励大家积极参与管理，勇于承担责任。他探索和追求的目标既要满足组织的共同要求，又要满足个人的需要，因而能激发下属成员的献身精神。他重视健全的决策，因而能听取和重视不同的观念、意见和看法，以求找出一种最佳的解决办法。他提倡上级与下级人员之间相互尊重，组织成员之间自由沟通，公开表明各自的想法和感受。当出现冲突时，他能够正视出现的分歧，设法予以解决，并且尽可能在冲突发生之前，使双方达成谅解和一致。

除上述5种类型外，还可以找出许多不同管理的类型来。在这里，一个领导人员怎样把对生产和对人的关心联系起来，说明了他行使权力的方式，但要注意一点，对某个方面的关心即使程度一样，如果位置是在不同的方格中，则其关心的性质就各不相同。例如，当对人的最大关心与对生产不大关心相结合时，这种对人的关心所表达的是使人感到"幸福"，而在对人最大关心与对生产最大关心相结合时，这种对人的关心所表达的就是使人专心致志地工作，以便为组织的目标做出贡献。

布莱克等在说明了方格图的基本结构和所代表的含义以后，分别从经理的动机和行为、目标管理、冲突现象、部属的反应、对身心健康的含义和童年期根源等方面阐述了各种方格管理方式的详细内容。

布莱克和莫顿认为9·9的管理方式是一种最理想的管理方式，而且可以实现。该书就9·9方式又专门开辟3章进行深入的讨论。他们认为，企业的领导者应该客观地分析企业内外各种情况，把自己的领导方式改造成为9·9方式，以求得最高的效率。

三、向9·9型转化的过程

在上述5种领导方式中，作者显然认为9·9型是最佳的领导方式。但是，一个组织要实现9·9型的领导方式却是相当困难的。要改变一个组织的领导方式，使之向9·9型转化，必须首先改变组织文化。这一改变过程就是组织开发过程。布莱克和莫顿把这一过程划分为下列6个阶段：

（一）研讨阶段

这一阶段要求组织全体人员都进行方格理论的学习，并对照分析和评价自己的管理风格，在提高认识的基础上，使他们学会运用各种不同的方法提高自己工作的有效性。

（二）班组建设阶段

在这一阶段，自总经理起，各级管理人员都要同他们的下属人员坐在一起，研究他们在工作效能方面存在的障碍和克服的办法。这一阶段的首要目标是以健全的协作文化取代那些陈旧的传统、先例和过去的实践。在此基础上，建立班组目标和个人目标，并使二者统一和结合起来。

（三）群体开发阶段

群体之间的协调问题的解决是这一阶段的主要任务。因此，这一阶段的参加者仅限于那些合作方面存在实际障碍的群体。这一阶段的活动，首先是使发生冲突的两个群体相互了解，弄清存在的问题及其产生的原因，然后，制订下一个实施计划，以便两个群体间的合作关系能不断地得到改善。

（四）组织目标设计阶段

以上3个阶段的活动，建立起了判断个人行为、有效协作和消除群体间裂痕等方面的新的行为准则。为了开发组织的潜力，还必须建立一个理想的经营模式。它包括确定最低限度的最优化目标和未来经营活动的基本特征；创造一个能使经营活动一体化，以达到协力效果的组织结构；拟定能指导未来经营决策的基本政策等。

（五）贯彻开发阶段

从传统经营方式向理想模式转变并不是一切从零开始，而是从现有的基础开始。因此，首先要找出目前的经营方式与理想模式之间的差距，弄清哪些是健全的，哪些是应当改革的，哪些是应当撤掉的，以及还需要补充哪些新的内容。然后，设计出向理想模式转变的实际步骤。

（六）巩固阶段

为了巩固在前述5个阶段中所取得的进展，特设立了这一阶段。它的目标是，确保开发活动按既定计划进行；发现计划实施过程中可能出现的缺陷，并采取措施，予以纠正；密切监视对经营模式的实施有重大影响的环境因素变化情况，等等。

精 彩 语 录

（1）只有在人与人之间公开坦率地交往，才有可能充分发挥人的作用，从而正确地解决问题和做出决策。如果没有这种交往，一个组织是不大可能成功的。

（2）每个组织都有其自己的目的或目标，很难设想一个无目标的组织如何生存。目前，把生产作为组织的目的是合乎实际的。工作组织的目的是利润，为了实现这个目的，就要生产产品和服务，因而它可以用生产表示。

（3）要达到组织目的必须经过许多人的努力，这个过程的结果是有些人通过等级制度的安排而得到管理别人的权力。

推荐阅读

　　《沙克尔顿领导艺术》，作者玛戈特·莫尔、斯坦芬尼·卡培尔。书中讲述了探险家欧内斯特·沙克尔顿爵士的动人心魄的故事。沙克尔顿的船被南极流冰压坏，船和船员被困长达2年之久。这是世界上有关生存故事的巨著之一。当然，很少管理者遇到过这类辛酸。但是，这部扣人心弦的书歌颂了才略、团队合作以及征服困难的精神。

　　《原始领导力：了解情绪智能的力量》。卓越的领导人必须拥有情绪智能，许多人直觉上有。但是，对于另外一些人而言，我们可以读丹尼尔·高曼、安妮·麦基、理查德·布雅吉的《原始领导力：了解情绪智能的力量》。该书界定了这一概念，而且也提供了有用的例子，对我们每日在商业中面对的各类情况具有真正可以利用的价值。

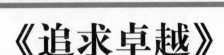

《追求卓越》

关于作者 •••••••

　　汤姆·彼得斯是美国最为著名的管理学传道大师之一，《洛杉矶时报》曾经在一篇评论中称他为"后现代企业之父"。《经济学人》杂志给予他"管理大师中的大师"的美誉。《财富》杂志则干脆声称："今天，我们生活在一个汤姆·彼得斯的时代。"而彼得斯本人，却从不自诩为管理思想家，而自称是一个"传教士"，"偏好行动而不是沉思"。他在世界各地进行演讲，宣传他在管理上的观点。

　　1942 年，彼得斯出生于美国巴尔的摩市，曾获得康奈尔大学土木工程学学士和硕士学位，斯坦福大学工商管理硕士和博士学位。在斯坦福大学学习期间，他遇到了很多有影响的著名人士，其中包括吉尼·韦伯和哈罗德·列维特等人，他们对他产生了很大的影响。1974 年，彼得斯从斯坦福大学毕业，进入麦肯锡顾问公司工作。1977 年，他被分配去从事后来为人们所熟知的关于"卓越公司"的调研计划。5 年后，汤姆·彼得斯和罗伯特·沃特曼根据上述计划的研究成果，出版了《追求卓越》一书。

　　在写作《追求卓越》之时，彼得斯还是麦肯锡公司的普通员工，该书出版后，该书的两位作者声名大振，盛极一时，该书另一作者沃特曼的成就较之于彼得斯逊色，他后来的兴趣转向绘画方面，而彼得斯则如日中天，成为世界知名的管理大师，除了经营自己的咨询公司，讲学于斯坦福大学，还环游世界，指点江山，一场演讲的出场费高达 2.5 万美元。一时间，媒体似乎对关于他的一切信息都抱有浓厚的兴趣。但是，彼得斯的张扬也让批评者们很快就发现了他的缺陷——思想很少有连贯性。今天为他所赞扬的事情，很容易就在他的下一本书中被抛弃了。彼得斯自己承认："当我对前一部作品感到厌恶和困扰时，我就决定写一部新书。"而批评者则评论说，汤姆·彼得斯的犹豫不决，来得就像他的贸然武断一样容易。看一看汤姆·彼得斯的书就可以发现，这种指责是有一点根据的。

然而，综观彼得斯的人生轨迹，无论批评家如何指责他的观点武断和思想零乱，但他总是在最恰当的时间，选择最为人们所关注的题目，并进行最能引起轰动的表述。在这方面，他无疑是一个非比寻常的人。《追求卓越》取得了成功，因为它在美国经济萧条的环境中，在悲观沮丧的气氛到处弥漫时，为人们带来了好消息。《乱中取胜》在华尔街股市大跌的那天出版，并且充满乐观地向人们许诺了一个光明的前景。《管理的革命》的不胫而走，抢了后来很多在团队和项目主导组织方面的著作的先机，它的个案研究成果也在不断地被人们所引用。托马斯·彼得斯总是处于时代潮流的风口浪尖。托马斯·彼得斯仍在不断地前进，尽管仍有许多未知的领域，但他会勇往直前，全然不顾可能会遭遇到各种尴尬和危险。

而且，彼得斯本人也被称为 6 大管理思想流派之一的大师流派的代表人物之一。彼得斯用直觉去感受企业经营，他认为"如果你想找到一些具有超凡智慧并且做着不寻常事情的人寻求有用和前沿的原则，开始时就要靠常识的运用，要相信你自己的直觉，要勇于向那些做事有违常规的所谓怪人虚心求教……"

彼得斯全力主张保持灵活和不断创新，他本身就是一个创新的生动的例子，他对自己的批评严于他人，在他的头脑中，思想的更新率比儿童的注意力变化还快，他曾强调："我们的根本主张是：想法迟钝，你就会变得迟钝；想法奇特，你也会变得奇特。"因此他被韦尔奇评述为"充满热情活力，遇到机会，便会随之而动；见到平庸，便会痛心疾首；

看到创新，便会欣喜若狂……"像所有其他的创新者一样，他的许许多多的挫折与成功为人们指明了道路。他说："我没有自己的理论，对此我一点也不觉得尴尬和惭愧；相反，我感到自豪的正是我写的3部畅销书中没有任何一条主张是我自己发明的理论。我只是一个观察者，我只会观察人们实际上是怎样管理企业的。我死后，希望在我的墓碑上刻有这样的字句：'这里躺着的人没有任何自己的理论，他只是一个优秀的观察者。'"

罗伯特·沃特曼出生于美国丹佛市，曾获科罗拉多州矿业大学工程学学士学位、斯坦福大学企业管理硕士学位。曾在麦肯锡顾问公司任职20多年，他发表了许多有关企业管理方面的文章，并被斯坦福大学企业管理学院聘为兼职教授。

关于本书 ·······

在美国人深受失业、不景气之苦，听够了"日本第一"、"Z理论"、"日本经营的艺术"等长他人志气的说法时，《追求卓越》这本书适时出现，自1982年出版以来，连年荣登《纽约时报》非文学类书籍排行榜前列，旋即被译成十几种文字风靡全球，3年中发行量达600万册。《福布斯》杂志评选20世纪最具影响力的工商书籍，《追求卓越》排名第一。当今经济类畅销书《追求卓越的激情》也没有忘记以《追求卓越》为自己做广告，在封面上特别标示：本书是"20世纪最有影响力的20本商业图书之一、管理学圣经《追求卓越》的续篇"。"彼得斯和沃特曼出版的这本书，应当在全美国的商学院当作教材使用。"

德鲁克评论说："《追求卓越》的价值，或其他什么东西，现在已不可测量。它的名声和成功已远远超过对其意义的客观评价。我们能确定的就是它推动了管理书籍的大量出现，而且，在商业世界中，肯定了顾客服务在形成差异和建立竞争优势的过程中所起的核心作用。"美国辛辛那提大学荣誉退休校长沃伦·贝尼斯认为："毫无疑问，这是一本里程碑似的书籍；在'怎样使组织充满效率'这一主题上，它出类拔萃，是一本最重要也最有用的著作。"花旗银行董事会副主席托马斯·西奥巴德指出：“翻开该书，每一个管理人员都会立即发现许许多多大有裨益的成功妙诀。由于概念接近，其中许多方法颇似备受称赞的日本经验，但该书说到底仍是一本论述美国商业卓越之处的地道美国著作。”AT&T销售部副总裁阿奇·麦吉尔更是对《追求卓越》赞誉有加："该书才华横溢，灵感喷涌，我期待它从根本上促进我们的新企业‘美国贝尔’走向成功。我认为该书不但内容精彩，更重要的是，便于在实践中得到推行。"

这本书之所以能在短时间内就风行轰动，是因为它能使美国人，尤其是美国企业人士，重新拾起已失落的信心。

《追求卓越》一书，是由两位管理顾问，访问了美国历史悠久、业绩优秀的 62 家大公司，探讨他们成功的原因——如何鼓舞士气，如何源源不断地推出新产品，而又都能畅销无阻？

彼得斯及沃特曼最后又从 62 家优秀的大公司里，以获利能力与成长的快速为准则，挑出了 43 家杰出模范公司，其中包括 IBM、德州仪器、惠普、麦当劳、柯达、杜邦等各行各业中的翘楚。两位作者与这些公司的上上下下深入访谈，详细分析之后，探索出他们之所以成功的原因，归纳为企业成功的 8 大要素：

（1）行动至上——不断地尝试去做；起而行，而不是光坐在那儿分析问题。

（2）接近顾客。

（3）鼓励创新。

（4）提高生产力要依赖公司内部人心士气。

（5）领导人以言传身教来坚定原则，树立企业统一的价值观。

（6）做自己内行的事，而不盲目投资其他行业。

（7）组织简单，人员精简。

（8）宽严并济，对价值观念、原则的事要坚持到底，其他则可容许各部门较多的自主。

乍看之下，这些条件并不是什么惊人之语。事实上，许多人打心里就了解到这都是应该遵行的原则。使这本书与众不同的是，上百个活泼生动的例子，一一点亮了这些贯穿全书的道理。

譬如，旦达航空公司不顾一切地贯彻服务顾客的信条。一次，一位美国妇女写信抱怨，因为她搬家而使得原先订的优待折扣票失效了。航空公司怎么处理这封信呢？公司的总经理亲自到机场，将优待票送给这位顾客。

诸如此类的小故事，灵活穿插于全书内容中，组成了两位作者所强调的理论——"软就是硬"。也就是企业主管不仅关心如何赚钱，而更应该注重效果和价值观念——鼓舞同心协力努力工作的热情，使下属与员工个个都有成就感。

《追求卓越》这本书指出，成功的秘诀实际上是跨越国界的，同样的道理在日本行得通，在美国也行得通。

此书虽然普获好评，但也不是毫无缺点的。正如纽约时报的书评指出，两位作者擅长于归纳、分析及列举出许多生动具体的实例，为一般论管理的书籍所不及。但不足之处则是前面有三章谈到学术理论的部分过分艰涩难懂，举例有时也稍嫌重复。但不管怎么说，瑕不掩瑜，《追求卓越》仍是一本值得拜读的管理"圣经"。

内容梗概 •••••••

作者认为，一个卓越的公司是由其普通员工努力聚合而成的。卓越的公司不必到日本去寻找，在美国也有。美国的许多卓越公司是如何成功的呢？这就是本书的写作目的。

作者认为，衡量一个公司是否杰出的标准是：能否不断创新。这里所谓的创新，不仅是指具有创造力的员工发展出可以上市的产品和新服务，也指一个公司能够不断地对周围环境应变。凡是顾客口味、政府法令、国际贸易环境改变，这些公司的方针也马上跟着调整转变。

作者对这些公司进行研究的主要内容是麦肯锡顾问公司研究中心所设计的组织7要素：结构、系统、风格、员工、技术、策略、共有价值观。作者指出，杰出公司认为思考比数据更为重要，发挥智慧远优于理性。

作者对杰出公司共性特征概括为 8 个方面。

一、注重行动

作者认为，注重行动是杰出公司的第一个特征。在这些公司里最标准的作业程序是："先做、再修改、然后再试。"为了保证行动至上，有利于人员之间的沟通，这些公司往往采取流动性的、有弹性的组织方法。例如有名的联合公司的"走动管理"。这些公司极端重视实验，它们以 5～25 人编成一个小专案组，在几个星期内带着不很昂贵的样品让顾客试用。在实验中，实验的迅速与否和数目多少是决定实验成功与否的重要因素。

实验是大多数杰出公司廉价学习的一种方法，结果证明：实验所花费的代价比严密的市场研究或谨慎的人力运用要少得多，却更有用。而且，每个杰出公司都有很多套实用的办法来保证有利于实验的组织、制度和环境。

杰出公司的行动，最重要且最看得见的部分，是它愿意尝试诸事，提倡一种实验，也是行动的化身。要在一个公司里形成实验的氛围、环境与一套激励工作态度的机制极其重要。而实验速度的快慢和实验数目的多寡是决定实验成功与否的重要原因。而且，实验作为一种活动，对外是保密的，这样有利于形成公司的一种持久优势。在实验过程中，顾客起着非常重要的作用，实验的最终成果需由顾客来进行评价。实验成功与否，关键在于能否适应市场的需求，而不是其他。

除非组织环境自由开放且富有弹性，否则专门小组不会发生作用。同时，如果实验的环境不能容忍漏洞和错误，不能鼓励冒险，那么实验也不能顺利地成功进行。公司大多数时候应采用一种自然的态度，让对革新创意有兴趣的人大胆地进行实验，并带动整个公司实验的风气。也就是说，实验强调的是行动而不是计划，主张实际做而不是待在那里想，注重具体而不是抽象。

要保证实验的进行，还必须重视简化制度，改革烦琐的工作程序，修订严格的规章制度，保证有效的沟通，做到结构简单而人员精干。

二、与顾客保持联系

书中指出,杰出公司与顾客交往的方式,几乎是近乎狂热地强调品质、服务上的完美。他们重视顾客的程度,远远超过对于开发技术或是降低成本的重视。

以 IBM 公司来说,良好的服务已成为其象征。处处为顾客着想是 IBM 公司提供服务的金科玉律。IBM 总公司的经理也需经常拜访客户,他们认为:"一个人如果不了解他的顾客,又怎样制定出一个受顾客欢迎的政策呢?"IBM 成功的优势主要得力于它那无懈可击的服务策略。周到的服务,优异的品质,产品的可靠性是公司为了维持营业额的增长所采取的策略。

公司采取接近顾客的策略,主要目的是增加公司营业收入。接近顾客首先要提倡服务至上,认真搞好售后服务,赢得顾客的信赖。为了确保公司经常和顾客联系,公司可以定期评估顾客满意的程度,评估结果对于员工尤其是高级主管奖金报酬的多寡,具有相当大的影响。大体而言,几乎每个杰出公司的全体员工都能共同遵守并力行服务的宗旨,许多公司不论是机械制造业或是高科技工业或是食品业,都以"服务业"自居。大多数杰出公司也同样非常注重产品的质量与可靠性。真正以优异的质量与服务为指导的公司,的确是竭尽所能地追求完美,也唯有靠着这股强烈的信念,整个公司似乎才可能团结起来。而且,杰出公司多半先把顾客群适当区分为许多阶层,然后提供他们需要的产品与服务,这种方式不但可以提高产品的附加价值,而且也增加公司利润。两位作者还指出,杰出公司受到顾客影响的程度,远比技术或是成本来得高,绝大多数杰出公司都是以质量服务、市场活动范围为导向的。

三、倡导自主创新精神

作者指出,杰出公司始终能保持好的经营状态,其中一个重要因素就是:他们对于公司上下各阶层能够充分授权,极力倡导自主创新精神。

创新的过程中也需要各种不同的角色、制度协调配合,才能顺利达到目标。

作者提出了创新勇士这个概念。创新勇士既不是个毫无价值的空想家，也不是个伟大的思想家，他甚至可能是个专门窃取他人构想的小偷，不过，最重要的是，他是个非常讲求实际效用的人，一旦取得别人还在理论阶段的产品构想，只要有所需求，他一定会顽固地拼着一股傻劲，设法使它成为实际的产品。

除了创新勇士这个角色外，还有两个重要的角色。

创新勇士主管：他们一定是从产品创新走过来的，深深懂得如何保护一个具有潜力而合乎实际的产品构想，使之不致受到干扰和阻碍。

教父：创新的先驱和楷模，通常是公司里德高望重的领导者。

分散式的组织结构是有利于创新的制度。

在一个积极、创新、追求成功的企业环境中的另一大特色，就是有容忍失败的宽宏大量。这一点已成为杰出公司的精神内涵之一。对于创新来说，切实的冒险，"合理的犯错误次数"是必要的。杰出公司往往都能允许和鼓励这样做。

为支持创新，公司一般实行分散式的组织机构，鼓励公司内部的激烈竞争，实行频繁的信息交流，对失败能用容忍的态度对待。对成功的创新实行奖励制度，对创新勇士实施英雄式的款待。此外，人事组织要富有弹性，没有过多的纸上作业和繁文缛节。

四、以人为本提高生产力

生产力靠人来提高是杰出公司的特征之一。以对待成人的方法对待职工，视他们为合伙人，尊重他们，给予他们尊严，视他们为提高生产力的主要来源。还需真心真意地训练职工，为职工订出合理且清晰的目标，给他实际的自主权，让他跨出步伐，全心全意地献身工作。调查表明：杰出公司并不轻易裁员。

杰出公司在以职工为重心方面有两个主要特色。首先是语言，公司有共同的语言特色，这是企业文化的一个方面；还有一个特色就是缺乏明确的指挥系统。当然，的确有做决定的指挥连锁系统，却不用来做每天的沟通工作，无拘无束才是沟通意见的形态，最高管理阶层定期与基层员工或顾客接触。

杰出公司会花大量时间来培训员工，并给予他们未来的经理人员训练，使他及早熟悉公司并融入其中。此外，使职工知道公司的事情，以便相互比较工作能力，有利于员工的内部竞争。最后，组织规模小型化能使员工个人独立作业，独当一面，而且出类拔萃，从而保证一种高效率。

五、恪守核心价值

恪守核心价值是杰出公司的第5个特征。杰出公司相当重视价值观念，公司的领导者通过个人的关注、努力、不懈的精神，以及打入公司最基层的方式，来塑造令员工振奋的工作环境。事实上，价值观念通常不是用很正式的方法来传递，而是用比较软性的方式，像说故事、讲传奇、比喻一样的形式来告诉大家。

每个公司强调的价值观念都不一样，但还是可以找出共同点：

（1）叙述价值观时，几乎都使用与质量有关的名词，而不用与数量有关的名词。如财务目标只提大概，不做精确描述。他们会普遍灌输这样一个观念：利润是把工作做好所得到的副产品。

（2）极力鼓励公司里的员工，让价值体系深入到组织的最基层。

（3）杰出公司都是在两个相互矛盾的目标中选择其一，作为公司的价值观，如赚钱与服务，经营与创新，注重形式与不拘一格，强调控制与强调人的因素等。

公司的基本价值观主要有：

（1）追求美好。

（2）完成工作的细节过程很重要，应竭心尽力把工作做好。

（3）团体和个人一样重要。

（4）优良的质量和服务。

（5）组织中大部分成员必须是创新者，而且必须支持尝试的错误与失败。

（6）不拘形式是很重要的，这样可以增加沟通。

（7）确认经济成长和利润的重要性。

六、强调做内行事

杰出公司的第6个特征是：做内行的事。多样化经营虽然是必要的，但需紧紧围绕中心业务，尽量避免从事不熟悉的业务，尽量避免走多元化的综合体，而是进行它们擅长的事业。这是杰出公司的核心优势所在。

事实证明，很多进行大量收购或合并的公司都失败了，主管们常挂在嘴边的合作效果，在收购和合并后不但没有实现，而且还把原来的公司搞得一塌糊涂。这是因为，被收购或合并公司的主管，在公司被合并后就离去了，收购公司只收购了一个空壳和一些废弃的资产设备。更重要的是，收购公司的主管在收买了其他公司以后，哪怕是很小的公司，他都要分心，花时间去管理，这样，就使得花在原来公司的时间减少了。

经营范围扩展得过大，必然冲淡原来的经营哲学和价值准则。收买了新公司后，指引公司发展的价值观念，以及主管的管理方式，会同多样化的策略发生冲突。因为每个公司都有自己的一套价值观，合并成大企业集团后，要想推行统一的价值观非常不容易。一方面是组织扩展得太大太远，不容易全面推进；另一方面是统辖企业的主管，不容易取得员工的信任，如从事电子行业的领导，就不容易在消费品公司中取得信任。

为了避开多样化陷阱的诱惑，杰出公司的基本原则是，从来不把两只脚同时伸进水里去试冷暖，他们只是把脚趾放进新的水域，一旦发现情况不妙就及早抽回退出。这种行动原则的背后，是杰出公司对自身基本战略的深刻认识，即运用独特的优势在特定的领域为顾客提供最佳服务。为此，杰出公司始终立足"基本点"，主要依靠内部研发和价值链的延伸来实现多样化经营，且一次只迈一步，扎扎实实地前进，以管理能力能够胜任为行动的上限。

作者认为，杰出公司也会不断买进小公司，目的大多是为了在新的技术领域占据一个窗口。它们以实验的方式操作，尽快使新业务与原有业务相互融合，成为一个整体。即使出现经营风险，也可以将损失控制在合理的范围之内，不会对公司造成太大的影响。

七、人员精简

作者通过对10家杰出公司的考察后发现，尽管这些公司都非常庞大，其中规模最小的麦当劳销售额也超过了19亿美元，但它们都是以"以小为美"的原则进行构建的。尽管规模达不到规模经济性的要求，爱默生电气、3M、强生和惠普公司仍被分解成若干小型业务单元来运作。以惠普公司为例，其分部的员工不超过 1200 人；而得州仪器的 90 个产品顾客中心各自都有明显的自主性。

在这些单元内部，各项活动也是以小型的、容易管理的团队形式出现的。在德纳公司，小型团队致力于生产率的提高。在高科技公司，某一负责主要产品开发的小型自治团队的设想可以跨越公司的管理层级以确保得到上层管理的及时关注。

人员精干也是为了防止官僚化。德纳公司的运营人员虽不足 100 人，但这些人员运作的却是一家价值 30 亿美元的公司。数字设备公司和爱默生公司也以人员精干而著称。

作者指出，人员的精简随公司组织的单纯而来，而价值观念单纯是杰出公司稳定、单纯的基础，同时还要加强产品部门的功能。此外杰出公司善于利用专案小组等临时性组织，问题出现，临时组织出现，随着问题解决了，临时组织也就消失了，从而避免成立固定的部门，使组织庞大、复杂。

八、宽严并济

虽然这句话听起来相互矛盾，但事实上并非如此。

这是对上述各条原则的一个总结，它在本质上反映的是，公司既有坚定的中心方向，又有最大的个人自主性。运用这个原则的组织，一方面有严格的管制，同时也容许成员的自治、企业精神的创新。宽严并济实际上也是企业的一种文化。

成功的公司对少数变量控制非常严格，但对其他变量的控制则相对有弹性。3M 将销售收益率和雇员数量视为公司控制的准绳，但是对于日常的运作，管理层还是有回旋余地的。当麦克弗森担任德纳公司总裁时，他废弃了公司所有的政策性文件，取而代之的是仅占一页的使命宣言和一个要求各分公司按日制作的成本收益报告。

IBM 倡导了一流的弹性控制。多年前，该公司研发的 360 系统计算机曾在推广之后出现过严重的问题，需要花费几亿美元来进行调整。沃特森任命法兰克．T．凯瑞为副总裁，负责在新产品测试系统中合并入新的检测和平衡系统。这一系统使得 IBM 员工都过于谨慎以至于不敢再冒险。当凯瑞就任 IBM 的总裁，他所做的第一件事就是放松了其中一些管制。他意识到新的测试系统确实可以保证 IBM 不再为类似问题付出昂贵代价，但它的僵化性也同样会束缚 IBM 开发其他重要系统。

具备上述 8 大特点的成功公司都获得了长足的发展。它们的管理层不仅能够改变,而且能够迅速改变。它们将目光投向它们的顾客和竞争者，而不是自身的财务报告。

卓越管理需要长期坚持努力，当然也需要时间,需要重复,需要简化。所需的工具包括访问工厂、建立内部备忘录和建立系统焦点。如果忽视这些规则，就意味着公司将逐渐失去活力，失去成长态势和竞争性。

精 彩 语 录

（1）成功企业关键的一个特点就是：他们能认识到保持事物简单的重要性，即使面临复杂化的巨大压力。

（2）卓越的企业实际上和它们的顾客靠得很紧，即，其他企业在谈论这些，卓越的企业在做这些。

（3）管理实际上应是确定目标和方向、做出决策、贯彻实施三者间交互作用的过程。

推 荐 阅 读

《追求卓越的激情》是彼得斯在《追求卓越》之后的力作。就像书名所表达的，他的激情是破坏和毁灭的激情，劳力解放的激情，创造力、创新乃至企业家精神的激情。他的最新的激情来自女性领袖，来自产品和服务设计的差异化，以及来自大量的教育再造活动。他的叛逆言论和创新思想令他成为"企业最好的朋友和最大的梦魇"。

《重新想象：激荡年代里的卓越商业》是彼得斯的另一主要著作，如果说《追求卓越》开启了商业管理书籍的第一次革命，这一20年后的新作《重新想象》则意在掀起第二次。如果说第一次是内容上的革命，那么这一次则主要是形式上的革命，其意义在于同样的一颗跃跃欲试的行动之心。《经济学人》杂志这样评价《重新想象》：它大量地谈论管理思想的现状，它的外貌比内容更具冲击力。

《摆脱危机》

关于作者 ·······

　　威廉·爱德华·戴明博士是世界著名的质量管理专家，他因对世界质量管理发展做出的卓越贡献而享誉全球。以戴明命名的"戴明品质奖"，至今仍是日本品质管理的最高荣誉。作为质量管理的先驱者，戴明学说对国际质量管理理论和方法始终产生着异常重要的影响。他认为：质量是一种以最经济的手段，制造出市场上最有用的产品。一旦改进了产品质量，生产率就会自动提高。

　　1900 年戴明出生于美国艾奥瓦州，1917 年他到怀俄明大学开始了他的大学生涯，1921 年大学毕业后继续留校一年研修数学，并教授工程学。后来他又前往科罗拉多矿业学校教物理，然后又在这个学校修读数学和物理学硕士。1924 年，戴明到耶鲁大学深造，1928 年获耶鲁大学数学物理学博士。戴明在 1951 年到日本讲课，讲授他的管理哲学。很快，戴明的变革席卷了整个日本。自此以后，企业的能耗降低了，质量提高了，经济实力更是戏剧般提升。日本为了表示对戴明的感激，在 1951 年设立了戴明奖，如今戴明奖已经成为日本全国性的大奖。1960 年，他获得日本的"二等瑞宝奖"，这是有史以来第一位获此殊荣的美国人。戴明成功地影响了战后新一代的青年商业领袖。戴明博士觉得，必须有一套可以和统计方法相适应的管理哲学，他通过不断地总结和修订，提出了著名的"戴明14点"的管理思想和7大致命绝症及障碍。到如今，人们一提到戴明，就会一下子想到他的14点。1992年，他出版了《质量、生产力与竞争地位》一书，发稿不久，开始写另一本《走出危机》。在生命的最后一年，戴明还创立了非牟利机构"戴明学院"，希望门人继续他的事业——推进整个世界的商贸繁荣与和平。1993年，戴明因癌症病逝于华盛顿的寓所，在他死前10天，他带着呼吸器做完了生命中最后一次报告。

关于本书 •••••••

1982年，戴明出版了《摆脱危机》一书。这是他最成熟的管理著作，是他在累积了四五十年的工商咨询经验之后，为美国企业所下的一剂猛药。

戴明认为，美国企业多致力于追求短期利润，缺乏不断推出新产品及完善服务的长远计划，从而也就缺乏持续发展的活力，自然无法不断地提供更多的工作机会。面对这种不利的局面，美国企业必须洗心革面，才能脱胎换骨，更上层楼。因此，企业管理者的首要任务，在于"学习如何改变，接受重大的变革，领导企业蜕变为适应时代要求的经营体。"以激发员工的潜力及承担社会责任为前提，戴明提出了"管理14要点"，他希望"14要点"能带领美国走出国际竞争力下降的困境。

戴明指出，"管理14要点"作为一般的管理原则，并不只限于西方工业发展及企业经营，而且可以广泛应用于教育、政府工作、服务业、医院及交通服务各个领域。戴明强调通过降低在设计和生产方面的不确定性来提高产品的质量。质量提高了，返工、耽搁、失误等就会减少，可以更好地利用原料和时间。这样，生产率就会提高，企业就可以用更好的质量和更低的价格来占领市场，企业就可以生存和发展下去。

"管理14要点"构成了戴明质量管理理论的主要思想理念，他坚信坚持实施"管理14要点"，就可以协助企业完成脱胎换骨的转变。同时，"管理14要点"也成为20世纪全面质量管理的重要理论基础，在相当大的程度上推动了 ISO9000 质量体系的提出和施行。

内容梗概 ·······

一、管理 14 要点

（一）树立改进产品质量和服务的长久使命和愿景

最高管理层不能只看到短期目标，而应该更多地考虑长远建设的问题，也就是应该把改进产品和服务作为恒久的目的，并不断地向这个目标努力。

在书中，戴明说："我们很容易埋首于解决当今错综复杂的问题中，面对这些挑战，让自己的效率越来越高。"同时，他又强调，如果没有长期的发展战略，公司不可能在这个行业中永远保持优势地位。

企业必须克服短期行为，把长远利益放在第一位。要做到这一点，企业就必须在所有领域加以改革和创新。戴明还奉劝那些还未认真考虑未来的公司，一定要制定出一套长久的计划和实施方案，从而使自己在这一行业内站住脚跟。

（二）运用新的管理理论

现代社会是一个快速变化的社会，人们的思想和观念也不例外，而这些势必会对人们的消费习惯产生影响。

人的观念对产品和服务的质量有很大的影响，可以毫不夸张地说，观念影响着产品和服务的种类和效能。因此，企业一定要掌握足够的信息，对人们观念的转变随时做出反应。并且，要主动倾听和了解客户的意见，通过客户的抱怨和不满找出自己产品的不足之处，然后尽量使之完善，以满足客户的要求。

对市场的竞争也就是对客户的竞争，哪个企业能够留得住客户，并且能够吸引更多的客户，那它势必会在竞争中取胜。

（三）质量不能仅依赖于检验

检验的过程就是对生产出来的产品的质量进行检查，将次品挑出来的过程。因此说，检验只是一种事后弥补的办法，不能对已经发生的浪费进行挽回，也就不能创造价值。

既然检验不是必要的，那么为什么不一开始就制造出高品质的产品呢？在这里，戴明指出："质量不是来源于检验，而是来源于改进生产过程。"也就是说，企业要采用事前预防的方法，从一开始就将质量融入产品中，尽可能地降低次品的发生率。

当然，这并不表明要彻底消除检验，相反，进行一定程度的检验不仅是合适的而且是必要的。因为通过检验，我们可以了解到目前工作的进展程度，并且可以及时发现生产中出现的问题，取得控制图表上所需要的数据。但是，一定要注意，不能将产品的质量依赖于检验。产品的质量是生产出来的，不是检验出来的。

（四）采购原材料时不能仅考虑价格因素

在采购原材料时，有些企业只考虑价格，价格便宜就买，贵了就放弃。其实这种做法是很不妥的，因为价格本身并无意义，只是相对于质量才能看出价格的好坏。比如说，如果一种商品价格很低，但质量很差，另一种商品价格贵了点，但质量很好，那么，购买第二种商品显然更划算。因此说，购买原材料时一定要同时考虑价格与质量，尽可能使总成本最低。

（五）不断地改进产品和服务

戴明博士在书中说：灭火不等于改进，当发现某些地方失控，采取一定的方法将误差消除，这并不是改进，只不过是让秤砣回到原来的状态。

改进是一个持续不断的过程，谁如果把改进看作一件一劳永逸的事，就会落后，就会在竞争中被淘汰。在企业生产和服务的每一个过程，公司中的每一个部门、每一个成员、每一项活动，都必须降低浪费和提高质量，必须不断地改进，在原有的基础上取得进一步的提高。一个企业应该时刻思考自己是否比前两年进步了，顾客是否满意，销售的方法是否有成效等，只有这样，企业才能不断地向前发展。

（六）建立现代的岗位培训方法

管理者常会有这样的思维误区：员工的技能大多都是从其他同事身上学习或者是从工作手册上研究得来的，现在是改正这种思维误区的时候了。

其实，员工自己学习途径是非常有限的，员工技能的提高很大程度上依赖企业的培训。工作人员的技能直接影响着产品的质量，如技能不好，产品的质量就得不到很好的保障。因此，作为管理者，要对员工进行岗位培训。培训必须是有计划的，且必须是建立于可接受的工作标准上的，必须使用统计方法来衡量培训工作是否奏效。戴明认为，只要成效的表现尚未进入统计控制的范围内，就有进步的空间，就应该继续培训。

（七）领导方式

领导就是对人员的管理，因此领导工作的好坏直接决定了员工的工作绩效。当员工工作不尽如人意时，领导应该从自身找原因，而不是一味抱怨员工的素质低。

很多领导不但不能帮助下属把事情做好，反而还阻碍他们做事。这样不但提高不了质量，还会把事情弄得更糟糕。戴明博士认为，员工做不好工作，大多都是由于领导安排不好，管理不好的原因。领导人的职责就是帮助员工做好工作，他要为员工的未来负责。领导者要把下属的成功看作是自己的成功，积极为下属的工作创造良好的条件。当员工没有做好事情时，不是他们才识不够，而是被放错了位置。

（八）消除恐惧心理

所谓消除恐惧心理，就是让每一位员工都能够在有安全感的环境中更有效率地工作。

调查发现，恐惧会造成很大的负面影响。许多员工害怕拿主意或者提问，即使在他们不清楚自己的职责或不明白对错的时候，也是如此。他们害怕的原因，一方面是因为公司的利益，另一方面是因为自己的前途。员工们不应该害怕设备受损，请求进一步的指示，或者是提醒上司注意各种干扰质量的问题。所有员工必须有胆量去发问，提出问题，或表达意见。当管理层不断改进自己的工作，建立解决问题的机制时，员工对管理层建立了信心，这个问题就解决了。

（九）打破壁垒

当企业中的每个部门都处于最优状态时，并不代表着企业处于最优状态。比如，设计人员设计的产品从理论上来说是最好的，但却令工程人员无法下手；工程人员尽职尽责地工作，但却不被生产线上的工人认可；销售部为了提高销售量，不断地签订订单，以至于生产部很难完成这些工作等。

不论是研发、销售或者生产部门，它们之间都应该通力合作，共同思考如何提高产品的质量，并对产品使用中出现的问题进行解决。

要达到整体的最优，需要各个部门的鼎力合作。因此，每一部门都必须放弃狭隘的部门利益优先的思想，发挥团结合作的团队精神，以共同解决在生产和服务中遇到的问题。跨越部门的质量圈活动，有助于改善设计、服务、质量和成本。

（十）废除指标与口号

为了鼓励员工更好地工作，有些企业提出了一些很响亮的口号，比如"零缺陷"、"第一次就把工作做好做对"等。这些口号固然很好，但却不一定能够实现。责任并不全在员工，他们也很愿意把工作做好，但是，原材料不好或者生产设备不合适，都会对他们的工作造成影响，并且还会降低他们的工作积极性。

因此，激发员工提高生产率的指标、口号必须废除，因为它们只会引起员工的反感，而对于提高生产率却没有多大的用处。

企业应该为员工提供实现目标的多种方法和手段，而不应该只用口号来左右一切。并且，很多问题是由系统造成的，员工是无法解决这些问题的。要想提高竞争力，公司本身需要不断地改进，而不是只在员工身上做文章。

（十一）取消定额方式

定额是规定人们在一定时间内完成的工作量。这个量指的是数量，而不是质量。其结果是人们为了完成定额指标，可能会不顾质量，粗制滥造，这样，定额虽然实现了，对公司却没有一点好处。按件计酬的工作就很难保证质量，因此说，定额不可能从根本上改进工作。

在有些公司，员工生产的产品如果有瑕疵，就会被扣钱，这种做法是不合理的。生产的产品不合格，员工固然难辞其咎，但企业的规章制度，也对这种情况产生了很大影响。

最理想的工作标准，应该是对质量进行明确的规定，而不是只规定数量。定额被取消后，员工会自愿地积极工作，管理者的能力也会不断地提高，这样，才会促使企业更快更好地向前发展。

（十二）消除障碍，提高积极性

应该肯定：大多数人都希望把工作做好，都为做好工作感到光荣。称职的管理者需要保护而不是剥夺他们的这种权力。有的员工抱怨工作标准经常改变，让他们无所适从，生产工具不方便却没有人理会。很多管理人员从来不给基层的员工任何权限，不依据他们的建议行事。所有这些有碍于员工顺畅工作的障碍都应该消除。管理者要充分地尊重员工的意见，提高他们的积极性。任何导致员工失去工作积极性的因素都必须消除。

（十三）对员工进行教育和培训

招聘到合适的人才是企业用人的第一步。对员工进行培训，使其不断地吸收新的知识和技术，不断地进行自我改善才是企业充分利用人才的关键。随着社会的发展，质量和生产力的改善，会导致部分工作岗位数目的改变，工作所需要的人数会减少，例如，检验员可能会减少。因此所有员工都要不断接受再培训，以使他们获得新的知识和技能，让他们承担新的工作。

管理者要让员工明白，没有人会因为生产力的提高而失去工作。一切训练都应包括基本统计技巧的运用。同第6点的区别在于，这一点是对员工的综合知识和素质的培训，这样员工工作起来才会更加安心。

（十四）全体参与不断改进

上到总经理，下至基层员工，公司的所有成员，都应该参与到质量改进中。管理阶层应该形成一个团队，不断地推进前面13点的实施。

"管理14要点"是威廉·戴明在管理学上一生的观察、思考的结晶。书中，戴明三番五次地提醒美国企业：应当学习日本企业，以企业的长期成长为目标，将员工视为公司最重要的资产。戴明思考的第一个挑战，是如何让所有的员工各尽所能，却又不致被彼此的力量互相抵消。换言之，如何使企业由上到下努力的方向都保持一致。他的药方是：公司的运作必须成为一个和谐运作的系统。领导阶层的工作就是设计这样的一套系统，给予员工所必要的协助，消除组织内部所可能产生的分歧。戴明在本书中的另一个贡献，是教导读者经由数据的搜集、整理和分析，得到有用的讯息，从而正确地使用统计管理来了解系统的运作。

接下来的几章中，戴明分别说明了提出"管理14要点"的原因和实施方法。其中的"不再倚赖大量检验"，是他多年来一再重申的真知灼见。利用检验来控制品质，只能挑出有缺陷的产品，并不能提高产品质量。日本企业将这个想法制度化，发明了"品质提升工程"，强调在产品的开发阶段，就想方设法防范制造时可能发生的失误。换言之，产品的内在质量是在研发、设计阶段就已经定型了的。一旦生产系统建立了严格的标准，具备了优良的功能，大量的检验就会成为多余。

戴明还强调：由产业界自愿设立标准，实行自律，会比由政府来设立标准和监控，更加有利于企业竞争力的提升。

二、管理控制模型

本书的另一个精彩之处，是对"管理控制模型"的说明。在这一模型中，"共同原因"是影响系统长期稳定的因素；"特殊原因"则是短期或灾发的影响。当所有的"特殊原因"都被消除之后，管理控制过程就有了可以界定的本质。此时，管理控制过程的变异已经被掌握，能够正确地估计，因此被称为"稳定的管制过程"，或者按戴明的说法，称它是在"统计管制之下"。如果在统计管制之下，系统的变异大于所要求的程度，则说明管理控制过程仍然有待改进。此时，便要着手降低"共同原因"的影响，包括购买更精密的仪器，进一步提高工人的水准，适当降低生产速度，要求有长期关系的供货商缩小价差，等等。改进的先决条件，则是先有"稳定"、"受管制"的生产管理过程，因为除非这一过程处于统计管制之下，否则无法决定是否有改进的必要。"管理控制模型"是戴明法宝箱中最重要的工具之一。它可以用来评估员工、评估供货商、制定作业程序、进行存货管理、进行成本预测，以及判断生产力高低。

戴明的质量管理思想，以企业与员工结成生命共同体为出发点，以追求全社会的整体利益为目的。在戴明的心中，理想的企业是产品有长期市场,员工得以成长,顾客感到满意,社会因此受益的系统。他提出的"管理14要点"及"管理控制模型",则是"只要想学,都能搞懂"的有效方法。

关心我们的顾客,了解他们需要什么而做出超过他们期望的东西,才是真正的品质。

质量就是以最经济的手段,制造出市场上最有用的产品。

打破部门间的障碍。研究、设计、销售及生产部门的人员应协力合作犹如一个团队,以预见产品与服务在生产与使用时可能遭遇的问题。

精 彩 语 录

(1)最高管理层不能只看到短期目标,而应该更多地考虑长远建设的问题,也就是应该把改进产品和服务作为恒久的目的,并不断地向这个目标努力。

(2)质量不是来源于检验,而是来源于改进生产过程。

(3)改进是一个持续不断的过程,谁如果把改进看作一件一劳永逸的事,就会落后,就会在竞争中被淘汰。

(4)最理想的工作标准,应该是对质量进行明确的规定,而不是只规定数量。

推 荐 阅 读

《戴明的新经济观》是戴明博士的最后一本著作。该书重申了他所珍视的"渊博知识系统",其目的是转变西方主流的管理风格,试图把他的哲学应用于更为广泛的制度层面。他认为，一个系统本身理解不了自身，转变需要来自系统外部的观点，而"渊博知识系统"就可以提供这样的外部观点。

《一分钟经理人》

关于作者 •••••••

　　肯·布兰佳，曾帮助许多公司进入全球 500 强，是享誉全球的世界级管理大师、杰出的演说家、成功的企业顾问。

　　可以肯定地说，能像肯·布兰佳博士这样对当今的人们以及公司管理具有如此深刻影响的人是屈指可数的，他于 1979 年创立的肯·布兰佳公司是一家全球顶级咨询及培训公司，以美国总部为核心，在全球 38 个国家用 20 多种语言为包括微软、宝马、沃尔玛、英特尔、诺基亚、强生在内的数万家大型企业提供全面的人员培训以及商务咨询服务。在 2003 年评选产生的中国十大最佳外资企业当中，有半数企业长期使用肯·布兰佳公司提供的内训课程。本田汽车公司还把肯·布兰佳公司评为全球最佳合作伙伴。许多人都把肯·布兰佳称为当今商界最具洞察力、最有权威的人之一。

　　作为举世闻名的国际畅销书作家，肯·布兰佳除《一分钟经理人》外，还出版了《共好》、《全速前进》、《击掌为盟》、《顾客也疯狂》、《一分钟道歉》等一系列优秀作品。

　　斯宾塞·约翰逊，医学博士，是全球知名的思想先锋、演说家和畅销书作家。他的许多观点，使成千上万的人发现了生活中的简单真理，使人们的生活更加健康、更成功、更轻松。面对复杂的问题提出简单有效的解决办法，在这方面，他被认为是最好的专家。他是许多畅销书的著作者或合著者。他的《谁动了我的奶酪？》提供了应对变化的极好的方法。他与传奇式管理咨询专家肯·布兰佳博士合著的《一分钟经理人》一书，在《纽约时报》畅销书排行榜上名列第一，是经典的商业图书，曾持续出现在许多著名的畅销书排行榜上。斯宾塞·约翰逊还写过许多其他的畅销书，如《珍贵的礼物》、《是或不》、《道德故事》等；"一分钟系列"里还有 5 本书：《一分钟销售》、《一分钟母亲》、《一分钟父亲》、《一分钟老师》和《一分钟的你自己》。斯宾塞·约翰逊博士的书已经被译成 26 种语言，在世界范围内广泛传播，并深受欢迎。

关于本书 ·······

《一分钟经理人》在 1982 年一经问世，便长踞《纽约时报》、《出版家周刊》等各大畅销书排行榜，在全美畅销 22 年，27 种语言全球发行，销量突破 1500 万册！

书中以生动的故事诠释现实的管理智慧，其轻松活泼的寓言风格既让人备受鼓舞，又让人深受震撼。如果我们把 20 世纪 80 年代初美国企业界的状态比做一场"复兴"，《一分钟经理人》无疑就是一条重要的导火索，是它把所有读过它的人带入了一种巨大的兴奋状态。

如今，"一分钟管理法"是当今世界最流行的管理方法，也是 100 年来世界上最重要的管理理论之一，它简单、实用，被全美所有高效经理人看成是高效管理的"常识"，已经成为包括 IBM、肯德基、惠普、康柏、百事可乐、沃尔玛、苹果电脑、假日酒店、希尔顿酒店等《财富》500 强企业的普遍实践指导原则，更是"影响了整整两代经理人阶层"的实战管理策略。

目前，IBM 公司所采用的"长板凳"的人才培养方案在很大程度上就是出自于本书所传达的理念；即便在中国，海尔、联想等众多优秀企业管理者也从"一分钟管理法"中汲取精华。"一分钟管理法"的应用范围甚至已经超出了企业管理的范畴，被广泛应用到包括美国海陆空三军在内的各种组织当中。

　　《一分钟经理人》以一个寓言故事来阐释现代社会中的管理学精髓。

　　故事的主角是一名年轻人，他有意当一名能干的经理，决定要学好有关的管理技巧。于是他四处寻访有效经理，向他们请教管理秘诀。为此，他不惜翻越万水千山，游遍各国名都，访问过许多政府机关领导、大小企业的主管，可惜都失望而回。幸而，最后他在其住处附近找到一名自称"一分钟经理"的机构主管，并分别通过他的下属特兰奈尔先生、利维先生与布朗女士了解了"一分钟经理人"如何提高组织内部工作绩效的"一分钟管理法"。据说，最后他成功了，也成为一名"一分钟经理"。

　　本书以新颖的形式、通俗的语言，生动形象地向我们介绍了一种通俗易懂的管理方法——一分钟管理法，它告诉我们如何把"一分钟经理人"的3个管理秘诀即"一分钟目标"、"一分钟称赞"、"一分钟批评"在现实环境中行之有效地应用。这三个简单实用的一分钟秘诀浓缩了管理的精髓和基本原则：目标明确具体，奖惩及时到位。"一分钟管理法"由于方法简单，易于推广，并且行之有效，而成为工作中，甚至生活中不可多得的有效管理方法。

　　《一分钟经理人》综合了人们从许多智者那里学到的东西和自身的一些感悟。这些获取智慧的源泉非常重要，而我们更应意识到，那些追随我们的人同样也会将我们视为一个获取智慧的重要来源。当我们切实地将自己从这本书中获得的实用知识应用到日常管理中去之后，一定会发现，管理和生活原来可以如此简单与轻松。

内容梗概 ·······

一、寻找成功的秘诀

　　这本书以许多虚构的小故事为主，从中你可以领略到有效管理的真谛。故事中，一个年轻人设法找到一个注重效率的管理者，但结果却发现众多的管理者几乎没有人注重管理的效率。他把他们大致分为两种类型：一种是现实型的管理者，在管理实践中，他最关心利润底线并严格以此为界。这个年轻人认为在这种情况下，可以提高组织的绩效，但下级的利益得不到保护。另一种管理者则更关心员工利益而不太注意他们组织的绩效，这种"善良"的管理者能使员工的利益得到较大的增加，却以牺牲组织的绩效为代价。除去这两类管理的弊端，本书认为有效的管理既要考虑组织本身利益又要兼顾员工的利益。

这个年轻人发现为数不多的几个经理还算是成功的管理者，然而，当他遇到"一分钟经理"后，才发现他们并没有获得真谛。只有这位传奇式的"一分钟经理"才算真正掌握了有效管理的真谛。这个年轻人所遇到的各种难题，"一分钟经理"处理起来却轻松自如，但每周一次的2小时上下级谈话却不公开。经过向"一分钟经理"初步讨教后，年轻人又找到他的下级们，通过谈话，观察他们的反应来学习"一分钟管理"的秘诀。就此故事开始进入正题。

书中的年轻人通过"一分钟经理"和他的下属工作情况的介绍，展示了"一分钟经理"在管理实践中的聪明才智，其经验也为管理决策积累了宝贵的财富。

二、3 种有效策略

书中提出一些富有哲理性的建议（例如，管理不用花费太多时间就能取得很好效果），有效的管理意味着组织利益最大化，员工的才能也能淋漓尽致地发挥出来——员工在有效地完成工作的同时也实现了自我价值。同时书中还提供了一些特殊的方法，这些方法以近年来管理文献中常常提到的3种管理技能为中心，即确立目标、强化表扬形式和实行口头形式的处罚。作者认为这些策略在实践中可以很快完成（如"一分钟目标"、"一分钟表扬"、"一分钟处罚"）。下面概述如何有效运用这些策略。

（一）一分钟目标

"一分钟目标"要求明确责任及绩效标准的性质，否则，员工将不知道组织期望他们做什么，他们只能在黑暗中胡乱摸索。大量研究成果都说明了目标对达到绩效标准的重要性，而《一分钟经理人》中所提供的有效利用绩效目标的方法与以往的这些研究具有连贯性。作者通过对"一分钟经理"的一位下属进行访谈，特别强调以下几点：

（1）经理要与下属就需要完成的工作任务达成共识。

（2）要把每一个目标以简短的语言写在一页纸上，并且让每个人都能在一分钟之内读完。

（3）就下属所期望达到的每个目标进行沟通，以期有一个清晰的绩效标准。

（4）不断检测每个目标、绩效表现以及两者之间的差距。

上述 4 个方面都着重强调员工应该能够进行自我管理。要让员工知道，一分钟管理中的重要内容在于回忆"一分钟经理"是如何教会他设立一分钟目标的。在故事情节中，"一分钟经理"拒绝为下属解决问题，事实上"一分钟经理"会因为下属有这一想法而感到愤怒。他坚持让下属自己去解决问题，并且会命令下属赶快着手去解决将来的实际问题，而不再占用"一分钟经理"的宝贵时间。

（二）一分钟表扬

书中的年轻人与其拜访的第二位员工一起分享了"一分钟表扬"的奥秘。这一观点与有关著作中正强化的论断有某种相似。具体来说，即经理应该花时间发掘员工的长处而不是批评其短处。为了实现这一点，"一分钟经理"首先密切关注新来的员工，并对他们的进步进行详细的记录。当"一分钟经理"发现员工做对了某件事情时，一分钟表扬的机会就来了（正面强化）。如何进行一分钟表扬呢？

（1）让员工知道你会对他们的工作进行评价。

（2）当你发现员工长处时一定要及时进行表扬，要告诉他们好在哪里，并且要让他们知道你心中的感受。

（3）当对员工的绩效感到满意时，留出足够时间让你的这种意见被员工充分了解，鼓励他们继续保持这种业绩。

（4）合适时与他们握握手或以其他方式进行身体接触。

需要再次说明的是这些步骤都与自我管理密切相关，在这种经理手下工作的员工很快就会懂得如何开展工作，懂得如何自我表扬。

（三）一分钟处罚

年轻人遇到的一名女性员工告诉他有关"一分钟处罚"的情况。这可能是个令人不太愉快的话题，但在书中却写得轻松而自然。开始时，那个女员工经常认为自己做得不错而进行这种"自我表扬"，有时甚至希望"一分钟经理"能够表扬她。但她说，当她做错一件事时，"一分钟经理"马上做出反应，并让她知道自己错在哪里和经理对此事的态度，在提出批评和处罚后，"一分钟经理"会告诉她，作为一名员工，她还是能够胜任这个工作的，希望以后不要再犯这种错误。书中同样指出了"一分钟处罚"的内容：

（1）向员工坦言，你将指导他们如何做。

（2）一旦出现不良表现就要及时加以处理，明确地告诉员工他错在哪里和你对此的反应（下达指示前稍作思考）。

（3）用一些适当的鼓励方式，来强调员工在组织中做出的贡献，但同时要明确指出，这种不良的表现是不允许再出现的。

（4）记住不要反复批评同一种行为。

三、其他相关的管理技能

以上3种管理技能构成了该书的基本架构。高效管理并不需要很多时间，只是要善于运用一些管理策略，即一分钟目标、一分钟表扬和一分钟处罚。除此之外，该书也介绍了其他一些相关的管理策略，如"什么时候适于采取握手等肢体接触方法"。该书提议，当你与对方比较熟悉并希望能协助他获取成功时，适当的身体接触是一个很好的方式，这代表了一种鼓励与支持，而不是推诿。

作者也强调了执行问题，认为应该把经理实施一分钟管理的情况及时通知员工，并获得他们的支持。这也表明，有效使用该方法的关键在于持有一种诚实、开放的态度。此外，该书也简要地讨论了其他几个问题，例如，该书认为应该鼓励员工循序渐进地从事组织所要求的新任务，逐步强化直至达到成功，用术语来说就是"塑型"。一个人的行为是在不断表扬和改进中形成的，而不是一次性正确地形成的。作者认为，如果经理只是等待员工一次性正确地完成某项工作，那么员工可能因为一直缺乏必要的强化而早在成功之前就放弃了。

书中还写到，不同的情况应采取不同的管理办法。例如，新人一般工作效率比较低，这样经理就应先替他们制定一个目标，帮助他们把工作做好，而不能一开始就处罚他们。因为经验不够可能导致信心不足，这时，对他们进行处罚是不合理的。当定下标准后，及时加以表扬和鼓励或许更有效。作者还认为如果经理禁不住要对一名员工发火，那么先发发火未尝不可，但事后务必表达对该员工工作的支持，切不可抱怨不止。类似的其他一些问题在故事当中，也都通过其中的主要人物简洁地加以分析，这些可以作为管理思想和特殊的管理方法的补充。

故事的最后，那个年轻人成为"一分钟经理"的一名员工。不久，他自己也成了一名经验丰富的"一分钟经理"。当他回想起这段经历时，感觉受益匪浅。他把这些概括为：用较少的时间就能得到很多的成果；留出一些时间进行思考和计划；对管理者来说，减少心理压力，保持健康的心态很重要；让员工们知道大家分得的利益都不多，减少缺勤现象和工作流动。

精 彩 语 录

1. 制定一分钟目标很简单

（1）对目标的意见一致。

（2）知道什么是有效的行动。

（3）将你的每个目标用不超过 250 个字写在一张纸上。

（4）经常阅读每一个目标，而且每读一次只要 1 分钟左右。

（5）从你的工作日里拿出 1 分钟检查一下你的工作。

（6）看看你的行动是否与目标相符。

2. 当你做到以下几点时，一分钟称赞就会发挥作用

（1）从一开始就告诉人们，让他们知道自己干得怎么样。

（2）及时称赞他们。

（3）明确地告诉他们什么事情做得对。

（4）告诉人们你对他们的工作感到很满意，他们的工作对企业和其他在这里工作的人们都有帮助。

（5）然后停下来，沉默一会，让他们"感到"你的心情多么愉快。

（6）鼓励他们多做这样的事。

（7）与他们握手或用某种方式与他们接触，使他们清楚地知道你支持他们在企业中取得成功。

推荐阅读

《领导与一分钟经理》是肯·布兰佳最值得推荐的另一部著作。本书由他和赫塞合著，书中发展出了"情境领导"模型。他们认为，影响领导者风格选择的重要因素，是下属的发展程度。所谓发展程度，是指在执行某项具体任务的过程中，员工执行任务的能力和动机的组合。管理者评估发展程度是依靠考察员工的工作知识水平、能力和技巧，以及承担责任的意愿和独立工作的能力。如果员工可以获得合适的指导、工作经验以及发现合作行为的助益，那么，员工通常可以在该任务上发展得更好。在不同的员工中，执行某项任务的能力和承诺会有所差别，所以领导者要对不同的发展程度做出不同的反应。

《道德管理的力量》由肯·布兰佳与诺曼·皮尔合著，在书中，他们提出了"伦理反思"是研究道德两难选择问题的一种基本方法。伦理反思包括3个问题："行为合法吗？""行为公正吗？""行为如何影响自我认识？"他认为这也是管理人员可能遇到的3个伦理难题。同时，布兰佳还提出了"道德力量5Ps"的理论，即目标(Purpose)、自豪(Pride)、耐心(Patience)、专一(Persistence)和洞察力(Perspective)。

《现代企业的领导艺术》

关于作者 ·······

　　约翰·科特是领导与变革领域的权威，哈佛商学院松下幸之助领导学讲座教授，剑桥科特学院创办人兼院长，哈佛商学院终身教授。科特是哈佛商学院有影响的管理学者，他花了 20 多年的时间对在哈佛商学院读过 MBA 的企业家进行了跟踪调查，分析后得出了令人耳目一新的结论，对 20 世纪 80 年代管理思想的发展有着相当大的影响。

　　1947 年科特出生于美国的圣地亚哥，1968 年在麻省理工学院取得电力工程学士学位，两年后，他又在麻省理工学院取得管理学硕士学位，1972 年在哈佛商学院取得企业行为学博士学位，同年成为哈佛商学院教授。1980 年，年仅 33 岁的科特就被哈佛商学院授予终身教授，成为哈佛大学校史上极少数拥有这项荣誉的年轻人之一。他成了大型企业组织变革管理方面的专家，作为德勤咨询公司全球变革管理方面的负责人，他领导制定了德勤全球变革管理方法论，他曾为《财富》前 100 名中的许多公司提供过咨询服务，例如，埃克森石油、戴尔电脑和可口可乐等。根据美国《商业周刊》于 2001 年对 504 位企业家所进行的调查，约翰·科特获得领导大师第一名的头衔。

关于本书 ·······

　　约翰·利特在管理行为学和领导科学领域著述颇丰，这本《现代企业的领导艺术》是其中比较著名的一本。20世纪80年代，美国经济生产率的增长慢于西欧、日本等国，西欧、日本的企业将美国市场占领了很大一部分，同时美国企业的竞争力也不及其他国家。随着新技术的不断涌现，如何应对随之而来的挑战成为美国的一项重要课题。本书正是在这样的时代背景下写出的。它能在竞争日益激烈的世界中使企业兴旺发达，此书有助于管理者和企业负责人在他们的领域内形成更加有效的领导环境。

　　本书共有3篇10章，主要讨论了"现代企业的领导艺术"、"企业领导不利情况的考察"、"在管理队伍中形成领导环境"这3个问题。

内容梗概 ·······

一、领导艺术面临的挑战

　　企业环境的不断变化，竞争激烈程度不断提高，这使许多公司发生了改变。许多公司逐渐意识到，他们越来越需要那种能应付竞争日益激烈、公司间经济矛盾扩大的管理人才。对这种管理人才的紧迫需求并不仅停留在高层管理上，也需要许多中层和基层的管理人员。当公司间经济冲突激烈开展时，经营管理中的领导就变得更加重要了，也就是竞争的激烈导致对领导艺术的需求不断增长。

　　然而就在不断增加的竞争使得多数公司内部上下需要更多的领导艺术的同时，另一组稍弱的力量却逐渐增加成功领导的难度：这些作用力是企业成长、经营多样化、全球化与技术进步。这些力量使得公司的经营活动变得更加复杂了。在综合公司的最高领导层中，领导艺术面临的挑战有时候显得难以抗拒。企业环境的变化和企业规模的日益综合化使得这些工作岗位对领导艺术的挑战越来越难以把握。总之，领导艺术问题对整个公司的管理变得十分重要。

（一）领导的定义

在这里，必须弄清楚的一个问题，那就是关于领导的定义。科特认为领导是指通过一些不易察觉的方法，鼓励一个群体的人们或各个群体的人们朝着某个方向、目标努力的过程。接着科特通过克莱斯勒公司的个案得出综合性企业成功领导的过程：

1.制定变革规划

内容包括企业能够并且应该实现的设想，设想要考虑当事人的合法权益，规划包括实现上述设想的战略安排，战略安排要考虑相关的所有企业和环境因素。

2.建立强有力的实施体系

这一体系包括与各主要实力派之间的支持关系，这些实力派是战略安排所需的，这些支持关系足以导致服从、合作，有必要的话，还可以建立联合组织。

（二）领导与管理的区别

领导与管理的区别是我们必须弄清楚的另一个问题。科特指出，管理主要包括4个主要过程。

1.计划

计划是以逻辑推论方法达到一些给定结果的有关学科。

2.预算

预算是计划过程的一部分，它与企业财务有关。

3.组织

组织的意思是设计一个结构以完成计划，为组织配备合格人员，明确个人的职责，在财务和事业上给他们提供适当的帮助，然后给这些人委派适当的有权威的领导者。

4.控制

控制的内容包括：根据计划不时地去找出偏差或问题，然后让管理者解决这些问题。这一过程常常通过开总结会来进行，从计划的财务安排来看，控制的意思是使用管理控制系统以及其他类似的东西。

通过领导与管理的定义可以看出，管理与领导并不相互排斥，而是相互补充与重叠的。两者的差异有：计划没必要包括设想，反之亦然；预算不一定有战略，战略当然也不一定要有预算；领导者拥有的正式组织以及他所需要的协作关系网之间可能有很大差异；人员控制过程和激励过程也可能有很大差异。从更为一般意义上讲，管理不同于领导，管理更正规、更科学，并且也更为普通。这就是说，管理只不过是一套看得见的工具与技术，这些工具与技术建立在合理性和实验的基础上。通常情形下，强力的管理会限制人的行动，假如缺乏领导，在这期间办事效率会变得越来越差，独到见解会越来越少，控制会越来越严；并且，强加的领导也会造成混乱，如果没有管理去控制事态，实行实际监督，那就肯定会发展成希特勒式的疯狂。所以在任何时候，管理和领导这两者都是不可或缺的。

当今企业所需要的成功领导作用与"企业家活动"既有联系，同时又有区别。两者都需要承担风险，与此相比，管理的目的则是要尽力消除风险的可能。成功的领导者和传统的企业家的区别在于：

1. 建立规划方面

前者考虑企业中其他成员和组织的正当利益，提出设想和战略安排。后者则从最有利于企业家的小圈子出发，提出设想与战略安排，即便不利于整个企业也要这样。

2. 构建体系方面

前者一般构建一个实施体系，这一体系包括主要企业负责人、同级伙伴、下属以及企业外部一些人。后者一般构建一个牢固的、有凝聚力的体系，这体系包括下属，和有时忽略掉了的一些重要的上级与同级伙伴。

（三）领导者的特殊性

领导艺术和领导者在普通人的眼里往往都被蒙上一层神秘的面纱，好像领导者们是一群超然于世俗之外的人物，他们的诸多意识是建立在理性分析之上的。其实，领导者也是普普通通的人，只不过他们的工作性质要求他们必须有特殊的表现而已。

领导者的特殊性主要体现在以下几个方面：

1. 行业与企业知识

领导者要有广泛的行业知识，包括市场、竞争、产品、技术，并且要广泛了解各大公司的动态，如主要领导人及其成功原因、公司文化、历史、制度等。

2. 在公司与行业中的人际关系

领导者需要在公司与行业中，建立一整套广泛而稳固的人际关系，以适应自己工作开展的需要。

3. 信誉与工作记录

领导者在公司中要有很高的声望，并能够用自己的才能出色地完成工作，在工作记录上有良好的表现。

4. 能力和技能

领导者要有敏捷的思维，这主要表现为相当强的分析能力、良好的判断力以及能从战略上全局考虑问题的能力等。另外还要有很强的人际交往能力，表现为能迅速建立起良好的工作关系、感情投入、有说服力及注重对人和人性的了解。

5. 个人价值观

领导者要品格高尚，正直、诚信，能以公平统一的标准评价所有的人和组织。

6. 进取精神

领导者要有充沛的精力，有很强的动机，这种动机是建立在自信心基础上的对权力和成就的强烈追求。

中低层管理工作中所需要的个人素质有：组织者需要了解公司的背景，了解这项工作对技术性要求以外的东西，也要建立起一些超出命令关系外的良好工作关系，还要有一些值得信赖的工作记录与声誉，以及最低限度的知识技能和人际交往能力；另外，组织者还得具备起码的品行，能够有一定的精力，领导动机要纯洁。

对于这些个人素质是如何得来的，科特通过深入分析得出以下具体结果：

（1）确实有若干素质是与生俱来的。它们是一些基本的智力水平和人际交往能力、身体的健康状况、个人的精力。

（2）某些个性和能力毫无疑问是个人在早年生活经历中逐步形成的，如个人价值观和进取心、技能和能力。

（3）没有多少品质是由教育制度培养出来的，除了一些非常专业的知识技能。

（4）大部分的技能和知识是个人在工作过程中逐步形成的，也是为了适应环境的需要而形成的。

二、企业领导不力的情况的考察

科特通过韦斯特公司这个例子的分析，认为领导的作用受到企业中两股势力的制约：短期经济效益压力和本位主义思想。科特在韦斯特公司管理不善的原因小结中指出，制约领导作用的两股实力决定公司管理者的素质有 4 种形式，在此不一一赘述。科特还特意指出类似于韦斯特公司 4 个方面的弱点，并且对这些做得不够的原因进行了考察，对调查资料进行了分析。作者认为在当今日益增长的复杂竞争环境中，要找到尽可能多的强有力的领导人。

管理上表现出色的公司在做法上有与众不同之处，它主要是在管理中形成良好的领导环境，主要表现在以下几个方面：

1. 复杂的人员补充工作

让各级管理人员来做充实人员的工作，人事专家提供协调与行政支持，但不控制这个过程。公司尽力保持人员聘用的高标准，注意招聘有领导素质的应聘者。

2. 提供相当好的工作环境

相当好的工作环境一般是指没有政治活动、没有暗地活动的同盟或组织之类的东西，人们才能真正做到相互帮助。

3. 挑战机会

挑战能够塑造人，并且提供机会，挑战机会的方式有多种。

4. 领导素质的早期发现

要使人们具备领导能力，常常需要很长的时间。许多公司采取措施让高层管理人员看到公司中年轻雇员和基层人员的工作，然后由这些高层管理人员自己判断哪些是人才以及这些人需要什么样的发展。

5. 计划培养

要加强对有某种领导才能的人加强培养。培养机会包括：任命新职位；正式培训从事专门的项目规划；促进发展的专门机会、参加其主要范围以外的会议等。

然而，怎样来有效地降低短期经济压力，避免本位主义呢？

1. 发挥各级管理人员的作用

单靠一个培养领导的人事计划或少数几个人的良好意愿是行不通的，只有各级组织的集体意志才能做到。管理人员要用更多的时间，在员工中寻找人才，找出人才培养的各种方法，并鼓励下属科学地安排自身的职业发展。

2. 利用企业文化的作用

相当强的企业文化常有浓厚的集体主义色彩，并对促成企业长期兴旺发达有重大意义，也促使人们不那么看重短期经济压力和各种狭隘的利益小集团。一种强有力的企业文化就是一股威力巨大的力量，在潜在的短期经济压力和本位主义能很容易变成控制企业行为的现实力量的环境中，要使各级管理人员集中于任何重要的企业目标，这种文化的力量也许是必需的。另外，在企业中，尤其是规模庞大的公司中，组织结构、制度与政策在塑造公司行为方面，也确实发挥着某种作用。一个高度集权的组织机构和一套非常呆板、僵化的制度，会使公司为那些处于职业生涯、有才华的年轻雇员提供挑战的机会变得困难；与之相反，一个相对分散的组织结构与合理的制度，却能很容易地为众人提供机会。

三、竞争优势的源泉

在书的最后，约翰·科特还对管理工作、领导行为、管理人员职业生涯、人事专家作用和进行全球业务管理作了总体的论述，并指出了竞争优势的源泉所在。

在20世纪五六十年代，有5个因素最突出：

（1）在一个不断增长的市场中占有很大的市场份额。

（2）在一个不断增长的需求中的产品专利权。

（3）增长市场中高资本密集型产业下的巨大生产力。

（4）有利的政府专制。

（5）控制主要资源的供给。

然而现在以及将来，随着世界以某种方式发生变化，这些竞争优势源泉的作用会日益衰弱，其原因在于这些因素有的要么很容易买到（如专利），要么被竞争性强且富有的竞争对手摧毁（如管制），另外，这些竞争性强且富有的竞争对手似乎在逐年增加。

约翰·科特指出，一家公司花费很多时间和精力，形成一系列能建立起强有力管理队伍的行为方式和计划策略，就能进行成功的领导，也就会取得竞争优势的最强有力的源泉。即使它面临的是一个十分富有且规模庞大的竞争对手，假如对方没有类似的要素，那么这个对手至少也要花 10 年以上的时间，才能逐步建立起能支持这些行为方式的环境。但在这 10 年中，在竞争异常激烈的环境中，这个领导力量强大的公司就有机会打败竞争对手，迅速发展起来，并在很长一段时间内立于不败之地。

精 彩 语 录

（1）一个真正的全球性经营活动，需要有一个真正的全球性管理队伍。

（2）至于怎样使一个工作环境有趣，恐怕最普遍的答案就是"没有政治活动"。

（3）在相对稳定和繁荣时期，有限的领导和强力的管理相伴似乎会使企业运转良好。在混乱时期，有力的领导伴随着某种有限的管理可能是符合企业运作的要求。而在这两个时期之间，大概就像今天所处的时期，强力的管理和强力的领导更具有重要的现实意义。

（4）正如战争时期政府和军队的领导艺术要比和平时期更重要一样，当公司间经济冲突激烈展开时，经营管理中的领导就变得更重要了。

推荐阅读

　　《领导力21法则》由美国著名的领导学专家约翰·马克斯韦尔所著。关于领导学，他已有24部著作问世。《领导力21法则》一书是对成功具备领导能力的破译，本书在理论性比较强的基础上尽量写得深入浅出。作者在书中融入了自己的切身体会，举出大量的典型例证，读起来毫不费力。在这本书里，充满了智慧和激情，这正是典型的马克斯韦尔风格。该书中引用的大量事例，对培养一个人的领导能力，以及对自己日常生活问题的处理上都有良好的参考价值。

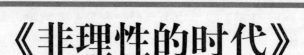

《非理性的时代》

关于作者 ·······

  查尔斯·汉迪是英国当代最知名的管理大师,被誉为"大洋彼岸的德鲁克"。他以"组织与个人的关系"与"未来工作形态"的新观念闻名于世,他和另一位企管大师彼得·德鲁克,分别为大西洋两岸洞见观瞻的焦点。2001 年,英国《金融时报》评选出十大管理名师,汉迪被选为第二名。作为当今世界最受推崇的企业管理理论专家之一,汉迪经常为国际大企业提供有关管理及企业发展方面的咨询。他出版的近 10 种著作在世界各地出售了近百万册。

  查尔斯·汉迪于 1932 年出生在爱尔兰的基德尔。1966 年,查尔斯·汉迪结束在壳牌伦敦公司的工作,进入麻省理工学院斯隆管理学院学习。这段时间里他遇到了几位真正的大师,沃伦·本尼斯、埃德加·沙因、克里斯·阿吉里斯,这些人影响了他后来人生的发展并因此产生了对于组织研究的浓厚兴趣。

  1967 年,只在斯隆学习了 1 年的汉迪回到伦敦,停止了自己的企业生涯,转而开始管理伦敦商学院的斯隆项目, 1972 年,他成为伦敦商学院的教授,专业是管理心理学。

  1977 年结束了自己在伦敦商学院的短期任教,汉迪加入到一个旨在研究和推动社会伦理价值观的中心工作。到了 1981 年,他又决定不再继续加入任何传统组织工作，而成为一个独立工作者。按照 2002 年他的著作《大象与跳蚤》中的定义，他挥挥手告别了大象组织，成为一个独立自主的跳蚤。 1984 年起他开始出版真正具有一定影响力的著作，从《工作的未来》开始，后来就有了《非理性的时代》、《空雨衣：变革时代的商务哲学》、《不确定性的年代》、《组织寓言：给管理者的21个观点》、《适当的自私：人与组织的希望与追寻》、《大象与跳蚤：组织与个人的未来》。汉迪不仅写书，他还是英国广播公司最受欢迎的管理节目主持人，很多人通过他的声音，了解管理大家，走进管理殿堂，增长管理才干。

关于本书 ·······

查尔斯·汉迪的《非理性的年代》一石激起千层浪，多年后仍余波未消。在书中，汉迪对未来的社会里人们的工作和生活、企业的组织形式等作了令人激动而震撼的描述。在汉迪预言的非理性年代里，"我们过去习以为常的东西开始动摇，未来的形状就掌握在我们这些雕塑者手中，我们为自己而雕塑未来。只有一句预言能站得住脚，那就是——没有一句能站得住脚的预言。人们大胆地设想那些个人生活和公众生活中不可能的事，非理性行为的幻想大行其道"。

汉迪笔下的未来将是"不连贯的变化"之一。通过时间隧道，社会缓慢地、自然而然地、平稳地取得根本的进步，这种现象已是明日黄花。遮住人们眼睛的眼罩必须扔掉。汉迪讲了这样一个故事：秘鲁的印第安人看到了地平线上的入侵船只。因为他们对入侵的船只一无所知，于是他们把入侵船只看作是一种反常的天气现象，根本不当一回事，心安理得地认为这样的解释顺理成章。

为了适应神秘的入侵者不断地出现在地平线上，这样的社会，必须从根本上改变人们的思考模式。汉迪写道："我们都是历史的囚徒。要想超越旧的思维模式，难度极大。旧的思维模式对问题的解决无济于事，一切还是老样子。"他指出那些打破传统思维模式，进行"非理性"思维的人对 20 世纪的生活产生了最深远的影响。弗洛伊德、马克思、爱因斯坦是进行"不连贯"（汉迪称之为"本末倒置"）思维的成功者。

汉迪认为，随着社会的发展必然会形成"一个脱胎换骨的知识界"，对教育进行大刀阔斧的改革，发起一场改变人们学习方法和对知识的看法的革命也是必然趋势。

在非理性的年代里组织将改头换面，因此汉迪预言，我们生活的其他方面也将有所改变。工作的时间更少了——目前一个人一生的工作时间为 100 万个小时，将来只有 50 万个小时。汉迪的预测与 20 世纪 70 年代的人不同，他并没有预言光辉的休闲年代的到来。相反，他号召人们多花些时间考虑他们想干的事。时间不能简单地分为工作时间和娱乐时间，分割时间的组合是收费工作（你出卖时间），免费工作（为邻居或慈善工作），学习（与工作同步）和回家做的工作和休闲。

汉迪说："非理性的年代，即使第一眼看上去是所有年代的最终目的地，它仍是一个充满机遇的年代。"人们必须抓住机遇，不要忽视了地平线上的入侵者。

内容梗概 ·······

该书对明天的社会里人们的工作与生活、企业的组织形式等作了令人激动地描述。全书分为 3 大板块：变化、工作与生活。

一、关于变化的特点和趋势

在书中汉迪指出，我们生活在一个变化中的世界里，一个新发现、新启示、新自由的时代，我们必须用一种全新的甚至是非理性的方式对变化做出反应，才不至于像"热水中的青蛙"一样因对水温的逐渐升高缺乏反应而遭受灭顶之灾。

不连续的变化就要求不连续的思维。对于熟悉的事物用新的思考方式能释放出新的能量，使各种事情变得都有可能。颠倒思维有很多种熟悉的替换形式。那些决定将每一桩杂事都当作学习机会的人会发现，煮饭是一门创造性艺术，照顾小孩是一种教育经历，购物是一种社会学意义上的远征。那些把人当作资产，需要维护、爱和投资的组织可能与那些把人当作成本、能省则省的组织在行为上大不相同。颠倒思维虽只是改变我们思考的方式，然而却能使一切都大不相同。

　　为了更好地解释为什么事物不能像以前一样连续，汉迪采用了数字这一有效的工具。第一，到21世纪初，工业化世界将只有不到一半的人在组织中从事全职工作；第二，21世纪初，欧洲70%的工作将要求脑力技能而不是体力技能；第三，20世纪90年代离开学校的年轻人减少大约1/4；第四，1988年经合组织的社会事务部长们开会展望，每5个人中就有1个是养老金领取者……变化超出了前人的估计，特别是当计算的数字涉及的是一个人的工作时间时，更让人出乎意料。

　　工作时间的缩短导致的不仅是工作数量的减少，还意味着对企业组织形式有新的要求。传统的劳动密集型生产的衰落导致了雇佣数量庞大员工的企业的破产。剩下的是那些靠知识和创造力获取利润而不是依靠体力的企业。这种转变的结果，不只导致了对新型人力资源的要求，并且也出现了对新型企业的要求。这类企业组织结构小，相对于那些老企业，成立时间短，更灵活，层次更少。然而此类企业的影响是在数字上——只有少数受过良好教育的人才被聘用，大量的人员被排除在雇佣合同之外。另一发展趋势是服务业的兴起，大量人员转向从事这一行业。服务业必须灵活地满足各种变化的需求。正式员工少，雇有大量临时工就是他们的原则。总之，可以发现：工作领域确实已经发生了改变。

　　随着时代的变化而变化是必然趋势。那么，怎样变？改变不应是危机与灾难强加于我们的，改变应是自觉行为。改变是学习的另一种释义，因此学习的理论就是改变的理论。只有经常学习的人才能全面掌握变化的趋势，才能看到变化的世界充满了机会。

　　学习不只是为了知道答案，真正的学习是为了发现问题和解决问题，而举一反三是最基本的；学习不同于研究和培训，其含义大于二者；学习不能用考试来衡量，因为考试通常只检验理论；学习不是自动的，它需要精力、思索、勇气和坚持；学习不仅仅是知识分子的事；学习不是为了寻找别人已知的东西，而是为自己解决自己的问题。作者认为学习是可分为四部分的轮子，将它画为一个轮子是为了强调学习是周而复始的。一组问题，恰当的回答、检验、反思，再引发另外的问题。它是生命里特定的脚踏车，停下来人就会僵化，令人厌烦。

问题是，对于大多数人，在其大部分时间里，轮子是不转的，凝滞又阻塞。学轮的运转很难开始也难于坚持。人们是多么不情愿地去改变，只有在为了应付危机和灾难才去行动。有一些润滑剂可使学轮易于转动，没有它们，学习将寸步难行。它们分别是：正确的利己、重构之路和否定能力。

所谓正确的利己应是负责的利己。自厌或缺少积极的利己是无法开始学习的。重构能力即以另外的方式、间接的或反面的方式观察事情、问题、形势和他人的能力；将它们放入另一种视觉角度或情景之中观察的能力；将它们当作机会而不是问题来思考的能力。重构十分重要，因为它为问题松绑。否定能力即一个人处于不确定、神秘、怀疑状态的能力，可扩展到遭遇错误和失败时表现出的不沮丧和不惊慌的能力。虽然一个人当时不知道会怎样好起来，但否定的能力会使之简单易行。

二、工作中的不连续变化

由于工作组织正在改变它们的方式，所以工作领域正在发生变化。与此同时，工作组织也不得不与变化着的工作领域相适应，形成鸡和蛋的关系。组织都面对着一个日益艰难的环境——人们比以前更苛刻地评判它们的实效。

新型组织的一个特征是我们谈论它们的语言产生了可感觉得到的变化。过去的组织被理解为庞大的工具，我们谈论它们的架构和系统、投入和产出、控制和管理。现在人们谈论的是文化和网络，是团队和联盟，是影响和权势而非控制，是领导而非管理。这是一个惊人的不连续现象。

关于组织的新思维以几种方式体现出来：三叶草组织，是不同工种和工人组成新的联合体；联邦组织，是组织的新形式极其有趣的对应物，它还体现在明智的组织以及对经理的职业和生活所发生的震动中。

三叶草组织由3个有较大差异的群体组成，他们有不同的前途，受到不同的管理，被支付不同的工资，以不同的方式组织起来。第一片叶子是核心层，将由资深人士、专家、技术人员或经理人员组成，他们主要从工作中体现他们的身份地位，实现个人愿望。第二片叶子是合同的边缘，由个人和组织构成。这些组织虽小于总组织但也有自己的三叶草结构。三叶草结构的组织可将令人觉得厌烦的工作承包出去，并根据业绩支付酬金。第三片叶子是弹性劳动力，很容易被视为雇佣的援助部分，他们在不被寄予太多期望的同时，所得到的报酬也不多。

联邦制组织指不同的单位成员在一面表示同一身份的共同旗帜下结为同盟。联邦制试图使组织变得很大，但各成员依然保持很小，或者最起码保持独立，这样可把自治和联合结合起来。联邦制与分权制不同，联邦组织是一种既紧又松的组织，中央并不对联邦组织进行全面的控制。联邦组织不仅在形式和形体上是不同的，而且在文化上也不一样，它要求经营者、管理者和被管理者持不同的工作态度。这种不连续性起着至关重要的作用。

在竞争激烈的信息社会里，成功与效率的新公式是 $I^3 = AV$，这里 I 代表智慧（Intelligence）、信息（Information）和思想（Ideas），AV 表示增加的价值（Added Value），这种价值可以是现金或者财富的其他形式。3I 组织必须关注那些知识起关键作用并且脑力比体力重要的领域。新型组织需要新型人才来经营，组织也认识到对高素质人才的管理只有通过认同才能达到，而不能采用命令方式。对于质量、智能机器和高素质人才、研究学问的文化氛围以及认同式管理的追求，实际上是非常革命的观念。

三、思维的颠倒

思维的颠倒是顺应变化的不连续要求而产生的。工作的领域与工作的组织都发生了巨大的变化，这需要我们重构工作。在重构工作时，汉迪引入"组合"这一概念。工作组合即把我们生活中零星的工作组成一个平衡的整体。那么，使婚姻适应于组合生活变化的要求，则产生"组合婚姻"，其目的是探求一些成功的中年经理是怎样兼顾家庭与事业的。组合婚姻是人们为了适应变化，在婚姻上采取的措施，是一种改变婚姻而不变更伴侣的办法。

由于高效率的组织需要更多有知识的人，因此教育越来越成为人们对自己命运的最重要投资。在汉迪看来，与一切变化相适应，教育也需要重新构建。学习是终生的事情，组织必须有意识地转变为学习型组织，而且汉迪以他独特的思维方式提出了重建教育的一些方法。

汉迪最后提醒人们：世界不一定要按传统方式运行，用颠倒思维考虑问题，是一个刺激想象力的方法。它会在非理性的时代，激发出我们的创造性。总之，汉迪描述了未来与现在正在发生的不连续变化，旧的工作方式一去不复返，因此我们必须重构我们的未来，重构未来才能让我们适应未来。

精 彩 语 录

(1) 学习是可分为 4 部分的轮子：问题、理论、检验、反思。将它们画为一个轮子是为了强调学习是周而复始的。对一组问题恰当地回答、检验、反思，再引发另外的问题。它是生命中特定的脚蹬车，停下来人就会僵化，令人厌烦。

(2) 富裕是一种心情，也是一种自信，因而"依赖"也有它存在的必要。如果需要让其他人为你服务，你也就必须找到一种赚钱的方式以支付你得到的服务，从而产生竞争。它是一个自我满足的预言，只要人人相信这个不间断繁荣的预言，它就会一直起作用。

(3) 成功的企业家的每一次成功前都会有 9 次失败。

(4) 把更多的工作带到组织之外是机遇的一部分，而更多地把我们的生活带出组织则是另一部分。

(5) 如果我们希望享受更多的机会而又少一点风险，我们就需要更好地理解变化。那些知道变化为什么到来的人在保护自己或应对不可避免之事时，就会付出较少的代价。那些认识到变化方向的人就能更好地利用这些变化获得益处。

(6) 在竞争激烈的信息社会里，如果人们想从知识中获取价值，仅靠自己的脑力是不够的，他们需要处理有用的信息和依靠有价值的思想。

推 荐 阅 读

　　《饥饿的灵魂》，阅读汉迪的《饥饿的灵魂》，我们能够感受到他一贯的那种对现代社会发展方向的关注。他并不仅仅对当今资本主义社会存在的种种弊端进行揭示和针砭，而是进一步提出人生究竟怎样才能真正具有意义。汉迪自己也承认，这样的问题已被人们无数次地提起。但每一次的发问、每一个人的探寻都是我们人生走向完美不可或缺的一部分。如何耕锄于那一片精神芜园，这或许正是汉迪要告诉我们的。

　　《大象与跳蚤》，在这本有如自传的著作中，作为独立工作者的作者，汉迪回顾了自己一生。他体会到，在现在及未来这个更具弹性的世界里，每个人都会经历成为跳蚤的转变，可是，我们该如何学习推销自己并自我定位？如何安排自己的学习发展？如何平衡自己的生活与婚姻，并找到自己生命与工作的意义呢？汉迪从各个方面探讨了组织与个人之间的关系，对那些欲了解工作环境与生活问题正在发生何种变化的人来说，无疑是具有指导意义的。

《企业再造》

关于作者 ·······

　　迈克尔·哈默，美国著名的管理学家，出生于 1948 年，先后在麻省理工学院获得学士、硕士和博士学位，曾在 IBM 担任软件工程师，麻省理工学院计算机专业教授，以及 Index　Consulting 集团的 PRISM 研究负责人。凭借其再造理论及对美国企业的贡献，《商业周刊》称誉哈默博士为"20 世纪 90 年代四位最杰出的管理思想家之一"，1996 年《时代》杂志又将哈默博士列入"美国 25 位最具影响力的人"的首选名单。

　　20 世纪 80 年代之前，迈克尔·哈默还只是普通的管理咨询顾问。80 年代末，他总结自己的研究成果，诠释了"再造"一词，用来形容利用信息技术对企业业务过程的彻底改造，实现企业业绩的大增长。

　　1990 年，哈默在《哈佛商业评论》上发表了一篇名为《再造：不是自动化，而是重新开始》的文章，率先提出企业再造的思想。1993 年，他和詹姆斯·钱皮合著的一书出版，迅速成为国际畅销书，连续 6 个月被《纽约时报》列为非小说类的头号畅销书，并在出版的当年被译成 14 种不同语言的版本向世界各国传播。该书明确提出了再造理论概念，在全球刮起一股再造旋风。以后，他们又陆续出版了《再造革命》(1995 年)、《管理再造》(1995 年)、《超越再造》(1996 年)等著作，丰富和发展了企业再造理论。

1997年，哈默对再造工程的得失做了总结，又出版了《超越再造工程》一书，也澄清了实践中的概念乱用。此后几年，哈默潜心钻研，并继续着他的顾问生涯，新积累的材料和经验使他在2001年10月推出了新著《企业行动纲领》。

不难看出，哈默的经历，体现着一位有责任心的、不断进步的管理大家的风范。

詹姆斯·钱皮是公认的研究业务重组、组织变革和企业复兴等管理问题的权威，是《企业再造》一书的作者之一。该书迄今为止已经售出200万册，并于1995年被美国《商业周刊》评为最畅销的商业类图书之一。他最新的一本著作是和尼汀·诺瑞亚共同完成的《快速前进》。该书主要汇编了《哈佛商业评论》上有关变革的文章。

钱皮曾经担任过CSC咨询集团的总裁，并且是CSC Index国际管理咨询公司的创始人之一，也是佩罗系统顾问公司董事长，还在PBS商务频道主持节目，并给《福布斯》、《销售与营销管理》等杂志撰写专栏文章。

詹姆斯·钱皮是一个能够抓住现实变革根本的管理大师，所以，才会有那么多人在聆听他的声音、关注他的言行。

钱皮把企业组织的变革比喻成"旅途"。对于许多管理者来说，这一"旅途"是没有尽头的。钱皮的建议是：学着换种方式呼吸，提前预见自己要面临的处境。而钱皮所做的，正是帮他们分析和预见可能会面临的种种处境，并做好准备积极应对。

2001年，钱皮与哈佛教授尼汀·诺瑞亚合著的新书《抱负的弧度》面世。许多人对抱负这一主题感到不解，钱皮说："如果人们停下来去想一想，那么他们就会意识到，自己受到某种形式的抱负的驱使——我们通常所谈的'领导权'其实是抱负的残余物。我相信，只要管理者了解自己抱负的来源和本质，那么他们就会成为更优秀的领导者。"

关于本书 ·······

詹姆斯·钱皮和迈克尔·哈默的著作《企业再造》是一本宣言，它宣称革命的前途一片光明。人们要求重造的呼声此起彼伏，钱皮和哈默的书销量很好，至今已售出 200 万余册。

钱皮和哈默是这样定义重造的："对经营过程从本质上进行重新思考和大胆的重新设计，使衡量工作的重要指标：成本、质量、服务和速度等方面获得巨大飞跃。"

钱皮和哈默认为，重造规模、声势之浩大，简单的变换、修改根本不能与它相提并论。货真价实的重造包罗万象，重造远不止是对流程进行简单的处理。他们避免使用"经营过程重造"这样的字眼，因为它们有很大的局限性。

《企业再造》呼吁公司拿出一张白纸，记下它们的处理方式。哈默在 1990 年的《哈佛商业评论》一文中宣称："是告别老牛路的时候了。扔掉过时的处理程序，不要再把它当芯片和软件，走新路吧。"这篇充满炽热情感和非凡想象的文章，推动了重造思想的车轮，引起了世人的关注。只有在勾勒出经营蓝图之后公司才能开始尝试着把纸上的原理变为具体的现实。

在书中，作者提出了重造是"抛弃传统的精神财富，接纳过去没有实现的种种设想。它看上去像是对工业革命的一种倒退。传统一文不值。重造是新生。"他们的新观点，给人以耐人寻味的思考。

内容梗概 ·······

一、"再造"的背景

企业再造理论的出现具有深刻的时代背景。随着现代工业的发展，大量生产和分配产品已经成为现实，而且，20 世纪六七十年代以来，信息技术革命使企业的经营环境和运作方式发生了很大的变化，西方国家经济的长期低增长又使得市场竞争日益激烈，企业面临着严峻挑战。哈默和钱皮将当时的市场特征总结为 3 点，被后来的人们称为"3C"理论。

（一）竞争（Competition）

技术进步使竞争的方式和手段不断发展，发生了根本性的变化。产品的竞争不仅仅是价格，服务和质量也非常重要。越来越多的跨国公司越出国界，在逐渐走向一体化的全球市场上展开各种形式的竞争，美国企业面临日本、欧洲企业的竞争威胁，从而丧失了在日益全球化的经济环境中的优势地位。

（二）顾客（Customer）

买卖双方关系中的主导权由供应方转到了顾客一方，人们的需求层次逐渐提高，需求的内容日益多样化，供需矛盾日益突出，企业间竞争不断加剧。大量的商品涌向市场，竞争使顾客对商品有了更大的选择余地，而且随着生活水平的不断提高，顾客对各种产品和服务也有了更高的要求。

（三）变化（Change）

我们的生活和工作随着计算机和信息技术的迅猛发展而走向了一个崭新的时代，利用这些技术，人们实现了以前想象不到的事情。市场需求日趋多变，产品寿命周期的单位已由"年"趋于"月"，技术进步使企业的生产、服务系统经常变化，这种变化已经成为持续不断的事情。社会已经进入了信息社会，它强调的是信息、知识和创造，企业的人力资源是这种创造力的源泉。

信息社会要求企业随着时代的变化而不断变化。在全球企业经营环境迅速变化的过程中，一些早先业绩颇佳的美国企业由于墨守成规、故步自封，没有及时采取快速变革的措施以适应新的竞争形势，从而丧失了在日益全球化的经济环境中的优势地位。1980年以后，美国企业开始积极向日本的同行学习，并简单地认为将日本的成功经验移植过来就可以取得成功，但实际情况表明，这种改良式的变革，并没有给美国企业带来明显的成效。在这种情况下，许多学者认识到，美国企业要想迅速获得再生，重新回到世界领先的位置，必须对现有的企业管理观念、组织原则和工作方法进行彻底的重组再造，做一次脱胎换骨的大手术。

"企业再造"理论的出现，一个明确的指向就是亚当·斯密提出的"分工理论"。斯密认为："劳动生产力最大的增进，以及运用劳动时所表现的更大的熟练、技巧和判断力，似乎都是分工的结果。"分工带来的效率提高，可以从以下几个方面来解释：

(1) 分工可以推进劳动者生产知识的专业化，促使劳动者在较短的时间内迅速提高熟练技能，从而形成生产中的高效率。

(2) 分工可以使劳动者长时间专注于一项工作，从而节约或减少由于经常变换工作而耽误的时间。

(3) 分工可以促使大量有利于节省劳动的机器和工作方法的出现。

分工理论在不断提高企业生产效率的同时，也给企业的持续发展套上了一道无形的枷锁。首先，将一个连贯的业务流程转化成若干个支离破碎的片段，既导致劳动者的技能的专业化，成为一个片面发展的机器附属物，也增加了各个业务部门之间的工作交流和沟通，因此会大大增加交易费用。其次，在分工理论的影响下，科层制成为企业组织的主要形态，这种体制将员工分为严格的上下级关系，即使进行一定程度的分权管理，也大大束缚了企业员工的积极性、主动性和创造性。特别是在旧的工业经济时代逐步向新的知识经济时代过渡的过程中，流行了200多年的分工理论已经成为变革的羁绊。因此，以恢复业务流程本来面目为根本内容的"企业再造理论"便应运而生了。

在《企业再造》中，哈默和钱皮认为："20多年来，没有一个管理思潮，如目标管理、多样化、Z理论、零基础预算、价值分析、分权、质量圈、追求卓越、结构重整、文件管理、走动管理、矩阵管理、内部创新及一分钟决策等，能将美国的竞争力倒转过来。"言下之意，只有"企业再造理论"才能令美国企业重整旗鼓，再展雄风。

二、"再造"的核心

"企业再造"理论的主要内容，就是提出了对流程的不同理解。哈默和钱皮将流程再造定义为"针对企业业务流程的基本问题进行反思，并对它进行彻底的重新设计，以便在衡量绩效的重要指标上，如成本、质量、服务和效率等方面，取得显著的进展"。哈默和钱皮还强调，要打破原有分工理论的束缚，就要重新树立"以流程为导向"的思想。企业再造将矛头直接指向被割裂得支离破碎的业务流程，其目的就是要重建完整和高效率的新的业务流程。因此，在再造的过程中，一定要牢固树立流程的思想，以流程为现行的起点和终点，用崭新的、科学的流程替代传统的以分工理论为基础的流程。

（一）"再造"后的业务流程的特点

"再造"后的业务流程，应具有以下的特点：

（1）工作单位发生变化——由职能部门变为流程执行小组；

（2）工作的变换——从简单的、单一的任务变为多方面的、综合的工作；

（3）人的作用发生变化——从受控制变为自由支配；

（4）职业准备发生变化——从职业培训变为素质教育；

（5）衡量业绩和报酬的重点发生变化——从以前的工作标准变为现在的成果标准；

（6）晋升的标准发生变化——从看工作成绩变为看工作能力；

（7）价值观发生变化——从维持现有状况变为努力开拓创新；

（8）管理人员的形象发生变化——从监工变为教练；

（9）组织结构发生变化——减少等级制中不必要的阶层，使等级制扁平化；

（10）主管人员发生变化——从以前一丝不苟的记分员变为有血有肉的领导人。

（二）重大的突变式改革

"企业再造"理论认为，企业再造活动绝不是一次改良运动，而是重大的突变式改革。这主要表现为以下3个方面：

1. 企业再造对固有的基本信念提出挑战

企业在经营过程中会遵循一些事先假定好的基本信念，因此，这些信念往往会深深植根于企业内部，影响企业各种经营活动的展开，也影响企业业务流程的设计和执行，这一点，在那些有长期历史的企业中，表现得尤其明显。企业再造需要对这些原有的、固定的思维模式进行根本性的解除，催生创造性思维，使企业中的基本信念发生重大转变。

2. 企业再造需要对原有的事物进行彻底的改造

与日本企业的变革思路不同，以美国企业为主要蓝本的企业再造绝不是一次渐进式的改良措施，也不是仅仅满足于对组织的修修补补，而是努力开辟完成工作的崭新途径，就是要重建企业的业务流程，使企业产生脱胎换骨般的巨大变化。

3. 改革要在经营业绩上取得显著的改进

企业再造不是要在业绩上取得点滴的改善或逐渐提高，而是要在经营业绩上取得显著的改进。哈默和钱皮为"显著改进"制定了一个标准："周转期缩短 70%，成本降低 40%，顾客满意度和企业收益提高 40%，市场份额增长 25%。"其目标就是从企业竞争力这个指标上追赶日本对手。

"企业再造"理论提出了 3 条基本的指导思想。

1. 以顾客为中心

传统的分工理论将完整的流程分解为若干任务，并把每个任务交给专门的人员去完成，在这种思想的影响下，工作的重点往往会落在任务上，从而忽视了最终的目标——满足顾客的需要。恢复了流程的整个面貌，带来的第一个直接好处就是使每位负责流程的人员充分意识到，流程的出口就是向顾客提供较高的价值。

2. 以员工为中心

"企业再造"将直接导致企业组织结构发生变化，扁平化结构成为替代传统的金字塔形结构的新模式，变革后的企业中主要以流程小组为主，小组中的成员必须是复合型的人才，需要具备全面知识、综合观念和敬业精神，这一客观要求不断推动员工学习，实现挑战性的目标。

3. 以效率和效益为中心

重组流程推动了企业生产效率和效益的提高，IBM 公司通过重组流程减少了 90% 的作业时间，并大大降低了人工成本，而且增加了 100 倍的业务量。

三、"再造"的程序

企业"再造"就是重新设计和安排企业的整个生产、服务和经营过程，使之合理化。通过对企业原来生产经营过程的各个方面、每个环节进行全面的调查研究和细致分析，对其中不合理、不必要的环节进行彻底的变革。因此，在再造的过程中一定要牢固树立流程的思想，以流程为现行的出发点和终点，用崭新的流程替代传统的以分工理论为基础的流程。在具体实施过程中，可以按以下程序进行。

（一）重建团队

再好的流程如果没有人去实施，那么所有的工作都是徒劳的。因此企业再造首先要在人力资源上有好的保障。这是很重要也很关键的一步。

依据以往的经验，企业再造至少要有5种角色，分别为：领导者，负责推动整个流程工作的高层主管；再造总监，负责再造的技术和方法的开发，并对企业的多个再造项目进行协调；流程负责人，负责一个专门的流程并专注于再造的管理者；指导委员会，由企业的高层管理人员组成的政策和战略制定小组，负责企业再造工程的战略设计；再造团队，投身于企业再造工程的基层人员，他们提出创意和计划，并实施。

（二）弄清原有流程的优劣势

一般地说，原来的作业程序是与过去的市场需求、技术条件相适应的。当市场需求、技术条件发生了变化使现有作业程序难以适应时，作业效率或组织结构的效能就会降低。在构建新的流程前，要仔细地分析原有流程的每一个小的环节和功能，要注意整个流程的持续时间，每个环节的负责人，环节间的相互依赖关系以及哪些是增值的环节等，弄清原有的流程在新的时代条件下的优势和劣势。只有在这些分析的前提下，才可能设计出一流的流程改进方案。

（三）勇于打破成规

企业再造，就是一个勇于打破原有框架，勇于创新的过程。为了设计更加科学、合理的作业流程，重新设计流程时，要抛弃现有流程的一切框框，要利用头脑风暴法、逆向思维法等充分发挥想象力，来设计新的流程。

在设计新的流程改进方案时，可以考虑：

（1）将现在的数项业务或工作组合，合并为一。

（2）工作流程的各个步骤按其自然顺序进行。

（3）给予员工参与决策的权力。

（4）为同一种工作流程设置若干种运行方式。

（5）工作应当超越组织的界限，在最适当的场所进行。

（6）尽量减少检查、控制、调整等管理工作。

（7）设置项目负责人。

（四）争取多方面的支持

企业业务流程的实施，是以相应组织结构、人力资源配置方式、业务规范、沟通渠道甚至企业文化作为保证的。没有他们的保证，无论设计方案多么的科学，都是不可能成功的。

而且在实施企业的再造方案的过程中，必然会触及原有的利益格局。因此，管理者必须要精心组织，谨慎推进。既要态度坚定，克服阻力，又要积极宣传，达成共识，争取尽可能多的支持，以保证企业再造的顺利进行。

企业再造方案的实施，并不意味着企业再造的终结。随着社会发展的日益加快，企业总是要面临不断形成的新的挑战，因此，就要对企业再造方案不断地加以改进，以适应新形势的需要。

四、"再造"的启示

"企业再造"理论，为企业管理领域吹进了一股清风，尽管在实行再造的企业中，失败的也有很多，但是，企业再造的思想还是被越来越多的企业所采纳。不仅仅是美国和欧洲的企业，包括亚洲企业在内的许多企业都已经行动起来，利用"企业再造"的思想，重新对本企业进行设计。

（一）以价值流为导向进行组织设计

流程的思想，实际是为了坚持顾客的导向。它是按照价值增值的过程，将相关的操作环节进行重新整合，使其成为一个高效率的、能够适应顾客需要的完整的工作流程，并以此为基础，重新设计企业的组织结构。

（二）以"合工"的思想重新设计企业流程

随着科技的进步和生产力的快速发展，分工理论对企业产生的不利影响也日益明显。哈默创造性地提出了"再造"的思想，将原本属于一个业务流程的若干个独立操作重新整合起来，将被分割的企业流程按照全新的思路加以改造，从而使企业能够适应新的经济时代，获得更高的效率和更大的效益。

（三）以彻底的变革代替渐进式变革

与采用改良方式推动企业管理发展的思路不同，"企业再造"理论倡导从一开始就要进行完全彻底的变革，而且这种变革的矛头直接指向已经沿袭多年的分工思想，为管理理论的新发展奠定了重要的基石。

（四）效果与问题并存

"企业再造"理论一经提出，便在美国和欧洲的企业中受到了高度的重视，得到迅速推广。这一理论的推广和应用给很多企业带来了显著的经济效益，涌现出大批成功的范例。1994 年的早期，由 CSC Index公司（战略管理咨询公司）对北美和欧洲 6000 家大公司中的 621 家进行了抽样问卷调查。调查的结果是：北美 497 家公司的 69%、欧洲 124 家公司的 75%已经进行了一个或多个再造项目，余下的公司一半也在考虑进行这样的项目。美国信用卡公司通过再造，每年减少费用超过 10 亿美元。德州仪器公司的半导体部门，通过再造，使集成电路订货处理程序的周期减少了一半还多，改变了顾客的满意度，由最坏变为最好，并使企业获得了前所未有的收入。

当然，在"企业再造"的实施过程中，也有一部分企业并未达到预期的目标。于是，在"企业再造"取得成功的同时，另一部分学者也在严肃地探讨其在企业实施中高失败率的原因。大家认为，企业再造理论在实施中易出现的问题在于：

（1）流程再造未考虑企业的总体经营战略思想。

（2）忽略作业流程之间的联结作用。

（3）未考虑经营流程的设计与管理流程的相互关系。

总体来说，"企业再造"理论顺应了通过变革创造企业新活力的需要，这使越来越多的学者加入到流程再造的研究中来。有些管理学者通过大量研究流程重建的实例，针对再造工程的理论缺陷，发展出一种被称为

"MTP"（Manage Through Process），即流程管理的新方法。其内容是以流程为基本的控制单元，按照企业经营战略的要求，对流程的规划、设计、构造、运转及调控等所有环节实行系统管理，全面考虑各种作业流程之间的相互配置关系，以及与管理流程的适应问题。可以说，"MTP"是"企业再造"工程的扩展和深化，它使企业经营管理活动的所有流程实行统一指挥，综合协调。因此，作为一个新的管理理论和方法，"企业再造"理论仍在不断地深化和完善。

精 彩 语 录

（1）把信息处理工作纳入产生这些信息的实际工作中去。随着IT的运用和员工素质的提高，信息不再是一种特权，信息处理工作完全可以由组织中的员工自己来完成。

（2）要把地域上分散的资源视为一体。集权和分权的冲突是长期困扰企业的难题。现在，由于数据库、远程通信网络和标准化的处理系统等技术的应用，企业完全可以在保持灵活性和服务性的同时，又能获得规模效应和协作效应。

（3）将平行的工作联系起来，而不是整合产出；让员工自己做出决定，并在流程中建立控制程序；从信息来源地一次性地获取信息。

（4）要使企业再造获得成功，必须要有高瞻远瞩的领导；同时，我们也不能低估流程遇到各种各样的阻力，包括来自组织结构的惯性以及实施再造所引发的阻力。

（5）为了飞越性地改善成本、质量、服务、速度等重大的现代企业的运营基准，必须对工作流程进行根本性重新思考并彻底改革，也就是说，从头改变，重新设计。

（6）针对企业业务流程的基本问题进行反思，并对它进行彻底的重新设计，以便在衡量绩效的重要指标上，如成本、质量、服务和效率等方面，取得显著的进展。

推 荐 阅 读

  《管理再造》是迈克尔·哈默与詹姆斯·钱皮的又一力作。如今的商业运作举步维艰，20世纪90年代末曾一度令人眼花缭乱的解决方案，被证明只是在虚张声势。那些繁花似锦的好时光是反常的，艰难时世才是常态。认真负责的人都知道，在现实世界中，根本没有什么简便易行的应对措施，也没有什么单一现成的答案。人们需要一整套能反映新思路和新技术的解决方案。这本《再造管理》可以说是两位作者对工商企业经营管理进一步深入思索的结晶。

《合作竞争大未来》

关于作者 •••••••

尼尔·瑞克曼是国际性研究与顾问公司荷士卫机构的总裁，在销售效能的领域里，瑞克曼被视为一位先锋，对销售力的改善进行多次研究并提出精辟论解，著作有《销售巨人》等书。

劳伦斯·伯德曼是荷士卫机构的客户服务经理，他负责顾问服务与培训的设计，也为客户提供领导个案与实例的研究。他曾在安达信公司从事科技与变革管理的工作，著作很多。他擅长将一些发展中的新观念转化为具体的客户策略和技巧。

索察·鲁夫是荷士卫机构的执行副总裁，负责公司的运营。他有多年横跨学术界、政府机关与私人企业的咨询顾问经验，曾与美国国内外500家大企业的许多组织合作过。他与瑞克曼合著《重点销售管理》一书，擅长销售策略与管理方面的演讲。

随着经济多极化的出现，特别是进入 20 世纪 90 年代后，经济全球化趋势明朗化，跨国公司的迅速发展和国际竞争的加剧，传统的管理理论已不能满足社会发展的需要，三位管理学家以全新的视角提出了企业蜕变理论、竞争优势理论、合作竞争理论、全脑理论等，以满足企业的发展壮大和获得竞争优势。本书提供的全新的经营战略是：不要总是期盼抢到更多的蛋糕，而是要将蛋糕做得更大。

关于本书 ·······

自美国自由竞争的市场价值体系被日本通力合作的中卫体系彻底击垮之后，合作联盟的伙伴关系业已成为市场的新显学并成为主流。组织之间以团结合作、合力创造价值的方式来产生变化：公司开发出新的合作经营方法，协助企业获取前所未有的获利能力与竞争力。本书所要讨论的，正是这种伙伴关系日渐显露的重要性与影响力。

本书从合作关系的理论说起，一步步说明成功伙伴关系的构成要素、贡献、亲密关系与共同远景，选择伙伴与化敌为友的方式。波特的五力分析理论中的 5 个主要竞争力量皆可经由合作关系化阻力为助力，书中佐以许多真实个案，并节录了各公司经理人对合作的看法，使读者能随时加以比较印证。

内容梗概 ·······

一、伙伴关系的出现

跨国公司的迅速发展和国际竞争的加剧，使得传统的管理理论已满足不了现代社会发展的需要。为了解决这一难题，美国管理学家以全新的视角提出了企业蜕变理论、竞争优势理论、合作竞争理论等，想以此来为企业的发展寻求出路，使之在当代激烈的竞争中取得优势。

二、造就成功伙伴关系的 3 个基本因素

作者认为，真正的企业变革，指的是不同组织之间加强团结合作、用合作创造价值的方法来促进企业的发展；公司要寻求出新的合作经营方法，协助企业取得前所未有的获利能力与竞争力。这种新关系被称为"伙伴关系"。

事实证明，伙伴关系带来了更高的生产力、更低的成本和创造了更好的新市场价值等。在全球，这种新型的、伙伴关系的策略，逐渐改变了许多国家企业的经营方式。伙伴关系之所以能够出现，有如下 2 个原因：

（1）缩减供应商数目的同时，保证了产品质量的可靠性和价格的

优惠。

（2）按照传统理论，企业要想提高生产力，采取的措施往往是削减费用、减少管理层次、重新设计流程、改善信息系统、例行事务的自动化等，但所有这些措施都将注意力放在公司内部。

事实上，企业平均有55%的收益会用到产品与服务上，即公司有大半收益花在对外采购上。因此，有些公司开始大量缩减供应商数目，并以大额采购的优势强迫供应商大量削减成本。从表面上看，这些措施似乎取得了很好的效果，实际上却是，有些企业开始失去供应商的忠诚与信赖，原料供给出现危机。伙伴关系的变革，能够使得供应商和企业在各自的市场中具备长期的竞争优势。

作者认为，造就成功的伙伴关系有3个基本的因素是不可或缺的：贡献、亲密与远景。

（一）贡献

贡献是用以描述伙伴间能够创造具体有效的成果，成功的伙伴关系可以提高生产力和附加价值，最重要的是，也改善了获利能力。贡献可以说是每一个成功伙伴关系"存在的理由"。成功的伙伴关系超越了交易关系而达到相当程度的亲密度，这种亲密结合在旧式的交易模式中是无法想象的。

此外，成功的伙伴关系间必须有远景，亦即对伙伴关系所要达到的目标与如何达到的方法必须有生动的想象。

再具体而言，在成功伙伴关系的贡献中，有3项基本特征：

（1）伙伴关系的双方都必须为提高贡献而对自身的某些操作流程或其他方面进行改革。

（2）伙伴关系把利润大饼做得越大，双方就可以越公平地分享所增加的总和利润。如果供应商和企业执行适当的分配比例，则会形成一种双赢的局面。贡献不会凭空而得，贡献需要一个培育伙伴关系的环境，才能激励彼此进行改造，这是维系长期且深入的合作方式的最好办法。

（3）相互的竞争优势。通过伙伴关系，供应商和企业的利益捆在一起，一方的竞争优势出现问题必会影响另一方，所以双方都必须共同地来保持竞争优势。

（二）亲密

亲密关系有 3 个基本层面：互信、信息共享、伙伴团队本身。在每一个成功伙伴关系中，高度的信赖、重要策略信息的频繁交流以及两者间强大而健全的团队永远居于核心的位置。反之，如果双方之间缺乏信赖，信息的交流只会是短暂的而且难以摆脱交易性质，伙伴间的团队只是供应商或客户单方面的一厢情愿，这种关系很难持续。

在伙伴关系中，互信不仅仅是诚实坦白，而是更进一层，这不在于你说了什么，而在于你代表谁，在于你能否不计报酬地引荐最佳的对策，也不计较谁主导或谁将从中获利。供应商如果具备这种无私的观点：一切以客户的利益为根本，并以此作为往来的指引。这会让客户对你的无私做法产生深刻印象，这也正是与客户建立亲密关系的基石。此外，还必须将此互信的作用善加运用和发挥，互信本身并不是最终的目标。互信使销售人员有获取最新信息的渠道，同时也有助于让销售人员向客户提供更多更深入的重要信息。

对顾客需求、企业方向、策略、偏好以及市场趋向等深入了解，正是竞争优势的重要来源。销售人员的信息缺乏以及其他方面的信息缺乏要求信息共享。信息共享的原则有：

（1）互惠。

（2）事业层面的焦点，即信息交换的重点应该超越销售之上，而将伙伴间整体的事业议题涵盖在内，满足在这之上的更大需求，同时也发掘更多的价值。

（3）着眼未来而非现在。

（三）远景

伙伴关系的导向系统是远景，共享的远景是所有成功伙伴关系的起点和基础。远景之所以重要，是因为它提供"为什么要建立伙伴关系"的答案。在远景中明确描述出潜在的价值，借此为伙伴关系提供方向指引，也为这个过程中的风险与花费提供合理化的理由。为伙伴创造远景的方法模式如下：

（1）评估伙伴潜能。即评判该伙伴关系是否具有足够的潜能。

（2）发展伙伴前提。伙伴前提是指描述一些简单明了、具有吸引力的事业主题，双方可以在这个主题上共同合作，渐渐地开发出共有的远景。

（3）共建可行性评估小组。当围绕伙伴前提的初步讨论渐渐引导出对潜在价值的共识后，伙伴供应商与客户间会共同组成工作小组，对伙伴关系的可行与否进行评估，同时，小组成员在他们公司中也担任伙伴关系的主要角色。

（4）创造共享远景。一旦双方认为这个伙伴关系确实必要且可行后，他们就必须创造一个共享的远景，不仅作为伙伴关系的目标，也为双方的合作提供指引，共同朝着目标前进。

三、选择合适伙伴的准则

在对伙伴关系的 3 个基本层面进行讨论之后，作者指出，并不是所有的企业都会与其供应商成为伙伴，毕竟，建立伙伴关系是一种高风险的策略。一方面，伙伴关系绝对是一个有利的客户关系策略：通过长久的合作与发展，可以为供应商带来更大的竞争优势；另一方面，伙伴关系也使得供应商可以为市场创造出更多的价值，在这个基础上，使自己可以随着市场的发展而茁壮成长，而不再像过去一样，只是消极地回应自己。但这种关系的前提是，伙伴关系必须是在合适的环境中应用于合适的对象才可得到。选择合适的对象共结伙伴关系，是建立伙伴关系策略最重要的基础。

选择一个合适的伙伴，必须遵循以下 4 个最基本、最重要的准则：

（一）努力创造贡献的潜能

也就是说，要看自己未来的伙伴能否在伙伴关系中创造真正、独特的价值，而这一要求，在传统的供应商——客户关系形态中是无法达到的。

（二）共有的价值

通过考查供应商与客户在价值观上是否有足够的共通性，以此来判断伙伴关系是否确实可行。

（三）尽量创造有利于伙伴关系的环境

对客户的购买模式和态度进行研究，看对方是否是建立伙伴关系的合适人选。

（四）与供应商的目标一致

就是要看看该伙伴关系是否与客户自己的方向或市场策略一致，如果相违背，那么，此伙伴关系是难以维持的。

四、与竞争对手结成伙伴关系的理由

作者认为，供应商除了可以与客户结成伙伴关系以保持竞争优势，还可以与其他供应商即竞争对手结成伙伴关系。作者之所以提出这样的建议，是因为以下 3 个理由：

（一）效率与规模经济

供应商可以通过与同业者建立伙伴关系，运用规模优势合力削减成本，提高双方的效率。这种做法在零售业中尤其盛行。

（二）新市场价值

在某些行业中，同业供应商之间的伙伴关系已经进入了一个更新的层次——结合双方的力量创造更多的市场价值，从而为整个市场做出更大的贡献。也就是说，将合作双方各自的核心能力结合起来，研发出新的产品，推出新的发展方案。这种结合可以为双方提供更多的市场机会，有一些大型的、更高形式的结合，甚至可以扭转整个产业的发展方向。

（三）客户需求

对于任何企业来讲，要改变及创造整个产业的策略，就要想方设法满足客户的期望与需求。而供应商之间的携手合作，正好顺应了这一潮流，能够轻而易举地满足客户的这种要求与期盼，这一现象，在那些高科技产业中，表现得更加明显。因此，厂商别无他途，只能尽自己的一切力量与竞争者共谋发展。

五、有效合作的因素

如此一来，若要与其他供应商进行有效的合作，该如何做呢？作者认为，必须有 4 个因素。

（一）为合作发展有力的共同目标

这是伙伴关系课题中的一个关键技巧。要与其他供应商建立有效、能获利的伙伴关系，伙伴双方必须谨慎地思考每一个伙伴所要成就的目的，并思考彼此利益与需求的重叠处，以及可以为市场带来哪些独特的价值。

（二）扩大共同的利益基础

当与其他的供应商结成伙伴时，应先界定出所有与其伙伴共享的目标，再引出无法与对方共享甚至是与对方利益冲突的目标，对于介于两者之间的目标应尽力加以支持，从而可以扩大利益的共同点，这也是这种伙伴关系中最精彩刺激的一部分。

（三）以客户利益为中心，明确界定彼此的角色

界定的步骤有：首先，找出所有可能的角色，并且必须保证能涵盖所有对该客户的责任；其次，单独地通过某些工具或程序，指出意见不同之处；最后，将没有异议的角色放在一边，然后花足够的时间与精力互相协商，剖析彼此意见的差异，进而得到一些结论。

（四）在伙伴关系中维持均衡

要伙伴产生忠诚或承诺，不仅要让对方获得报酬，还要让他们觉得自己的付出与努力最后会公平地分享到应得的回报。强调贡献与报酬的平衡，并且付诸实际行动，不失为一个明智的策略，平衡的达到永远是可能的，并不会因为不曾提及而消失或衰减。问题不在于"是否有平衡的可能"永远都有可能达到，而在于供应商是否愿意在伙伴关系进行过程中随时去留意伙伴的反应，或是在问题出现后，趁着尚容易改变之时，马上加以调整。

在本书的最后一章，作者再次指出，竞争优势的来源之一是伙伴关系。你无法忽视伙伴关系，否则会损失惨重。伙伴关系不仅会为客户也为自己带来更高的成就与更多的价值，而且还可以弥补组织之间的重叠与浪费，大幅降低成本。而这是单一企业无法独立做到的。当前，最大的、尚未被运用的竞争优势蕴藏在组织之间，而非组织内部。

精彩语录

　　(1) 伙伴关系带来了更佳的生产力、更低的成本和新市场价值的创造等。

　　(2) 不要总是期盼抢到更多的蛋糕，而是要将蛋糕做得更大——合作竞争大未来。

　　(3) 伙伴关系出现的驱动力原因有二：一是缩减供应商数目的同时要保证质量的可靠和价格的优惠。二是伙伴关系的变革使得供应商和企业在各自的市场中具备了长期的竞争优势。

　　(4) 在每一个成功伙伴关系中，高度的信赖、重要策略信息的频繁交流以及两者间强大而健全的团队永远居于核心的角色。

　　(5) 贡献、亲密与远景是我们在每一个成功伙伴关系中都能发现的重要成功因素，当然也是最关键、最核心的因素。

　　(6) 供应商如果具备这种无私的观点：一切以客户的利益为根本，并以此为往来的指引。这会让客户对你的无私做法产生深刻印象，这也正是与客户建立亲密关系的基石。

　　(7) 当前，最大的、尚未被运用的竞争优势蕴藏在组织之间，而非组织内部。

　　(8) 伙伴关系不仅会为客户也为自己带来更高的成就与更多的价值，而且还可以弥补组织之间的重叠与浪费，大幅降低成本。

推荐阅读

　　《为未来竞争》一书由加里·哈默尔和普拉哈拉德于1994年合作完成。本书一经问世，就被众多商业刊物赞誉为近10年来最具影响力的商业类书籍，引起了人们对管理学新理念的深层思考。

在书中，哈默尔和普拉哈拉德反对当时那种把主要精力放在竞争压力上的战略观点。这种观点认为，企业竞争的主要目标是从对手那里赢取市场份额，因此，它们的战略策划和决策过程也会受到对手的行动或潜在行动的影响。哈默尔和普拉哈拉德则尖锐地提出，这种思想有误导之嫌。在他们看来，企业应该把主要精力放在自己的优势和顾客的需求上，而不应首先考虑对手是如何做的，再来决定自己采取何种行动。他们明确提出：把市场定位对准顾客需求是企业在竞争中胜出的关键。

《高效能人士的 7 个习惯》

关于作者 · · · · · · ·

史蒂芬·柯维博士，1932 年出生于美国盐湖城，是国际上广受尊敬的领导学权威、家庭教育专家、教授和机构顾问。自大学毕业后，他始终致力于该领域的研究并取得了丰硕的成果，获得的主要荣誉包括——托马斯·莫尔学院授予的奖章及 6 项荣誉博士学位，以及 1994 年"年度国际企业家"称号、1996 年美国"全国企业领导者年度终身成就奖"和 1998 年度锡克教徒"国际和平大师"称号等。柯维博士还被美国《时代》杂志评为 25 位最有影响力的人物之一以及"销售和营销管理"方面最杰出的 25 位权威经纪人之一。

柯维博士最出名之处在于其著作《高效能人士的 7 个习惯》，该书高踞《纽约时报》最畅销书籍排行榜之首，在全球以 32 种语言发行。该书影响深远，其销量在众多畅销书籍排行榜上保持多年的纪录。其磁带版销量超过 150 万册，是有史以来最畅销的非小说类有声版书籍。2002 年，福布斯将《高效能人士的 7 个习惯》评为有史以来最具影响力的 10 大管理类书籍之一。《首席执行杂志》的调查结果将《高效能人士的 7 个习惯》评为 20 世纪两大最具影响力的经济类书籍之一。

与此同时，史蒂芬·柯维博士还是全球最大的职业服务公司——富兰克林·柯维公司的联合创始人和副主席。该公司为协助专业人士和组织机构在生产力、领导力、沟通能力和销售能力方面最大限度地提高其效能提供培训和绩效解决方案。

富兰克林·柯维公司是为组织和个人提供培训和管理咨询的世界顶尖级公司，与《财富》500强中80%以上的公司和成千上万个中小型企业以及政府职能部门都有建设性的合作关系。

富兰克林·柯维公司的服务与产品遍布全球，在全球38个国家设有44个分支机构。该公司拥有超过3000名员工，年收入达3亿5千万美元。富兰克林·柯维公司把"推动机构组织在其企业文化方面实施柯维博士的领导者准则观点"作为其核心重任。

除此之外，柯维博士的《要事第一》、《领导者准则》和《高效能家庭的7个习惯》也是世界超级畅销书。

关于本书 •••••••

世界上的许多著名公司，如IBM、摩托罗拉、惠普、诺基亚、朗讯等，都有一项有趣的培训课程：高效能人士的7个习惯（The 7 Habits of Highly Effective People）。这项培训课程的精髓便是来源于美国著名管理大师史蒂芬·柯维博士的同名书《高效能人士的7个习惯》。

《高效能人士的7个习惯》刚一面世，便高居美国畅销书排行榜，被誉为"美国公司员工人手一册的书"、"美国政府机关公务员人手一册的书"、"美国军队官兵人手一册的书"，在全球70个国家以32种语言发行共超过1亿册。

2002年《福布斯》杂志将《高效能人士的7个习惯》评为有史以来最具影响力的十大管理书籍之一。这本书在莫斯科以俄文版上市时，俄罗斯总统普京曾建议俄罗斯公民都应该阅读该书。那么，这本书究竟写了些什么，受到如此众多读者的青睐，并被如此众多追求成功的人士奉为宝典？

企业老板都知道：只有每一位员工成为高效能人士，企业才会真正成为高效率企业。这正如美国精神一贯强调的———一个强大的美国是由每一位高效能的美国人决定的。柯维博士在书中向世人揭示了获得持久成功的人士付诸实践的 7 个放之四海而皆准的、永恒的、不证自明的原则，可以应用于任何境遇、任何文化环境的原则，并展示了成功人士是如何运用这 7 种习惯来解决问题、克服困难、勇于改变自己的生活的。

同样，《高效能人士的 7 个习惯》不仅对个人心态培养有极大的帮助，而且对于由内而外地协助企业建立坚实的互信文化，通过彻底的思维改变达到行为的改变从而加强组织内部的管理机制，进一步培养组织内部的共同语言和价值观更是大有裨益。通过展示现实的人们如何应用这些原则而在多变的世界中如鱼得水，柯维博士为那些寻求有效思维框架以追求生活真义的人们，提供了切实可行的指导原则和有力的鼓舞。

先管理好自己，然后才能管理别人。《高效能人士的 7 个习惯》正是关于"自我管理"的最经典的著作。当你认真地读完这本书时，你将有能力去改变你的思维方式和你的经营环境。成功者会发现原来我能做得更好，失败者则顿悟原来我也能走向成功。人生轮回，周而复始，只有不断地陶冶情操，从"主动积极"起步，时时地反思"心路历程"，才能在人生的旅程中与时俱进，获得持续的升华。

《高效能人士的 7 个习惯》是一本具有魔力的时间管理习惯手册，它传授的内容不是某种流行时尚或管理技巧，而是经得起时间的考验并且能够指导行为的高效能人士的基本原则。本书中，史蒂芬·柯维博士强调成功其实是习惯使然。但是，这本书并不只是简单地告诉我们走向成功所需要的提高效率的技巧。这本书的精髓，更在于引导读者树立"全面成功"的信念，探寻何为自己真正想要的成功。这是一本可以改变人的思维方式和行为方式的书，为人们走向成功之路奠定了坚实的基础，这种改变将导致一个人、一家企业，乃至一个社会的强大。渴望成功的人士，花小部分时间作为投资来阅读此书，必能获得丰厚回报。

内容梗概 •••••••

一、由内而外的塑造

柯维认为要想使自己成为一个高效人士，必须由内而外全面塑造自己。

（一）从自身的品德做起

随着社会的发展，人们对成功的基本观念也发生了改变，由重视"品德"转而强调"个人魅力"，即成功与否取决于个性、社会形象，以及维护良好的人际关系的圆熟技巧。这种思潮朝两个方向发展：一是看重人际关系与公关技巧；一是鼓吹积极进取心态。过分地强调个人魅力有时甚至不顾及道德原则，毫不避讳地鼓励玩弄手段，欺骗他人。柯维对这种现象痛心疾首，提出在短暂的人际关系中，有时你的确可以凭借个人魅力畅行无阻，但是，"光有技巧还不够"，相对于一些次要优点，只有道德才是沟通的利器。事实上，很多具备次要优点的人，也就是社会公认有才华的人，往往欠缺基本的道德。内在的本质比外在的言行更具有说服力，唯有修养自己的品德，才能享受真正的成功和恒久的快乐。

（二）要认识自己的"心灵地图"

人的脑海里有许多的地图，但我们可以将其分成两类：一是关于现实世界的，一是有关个人价值判断的。显然，第二种说法只是"地图"一词的引申意义，是指心灵的地图。我们以这些心灵的地图诠释所有的经验，但从不怀疑地图是否正确，甚至不知道它们的存在。我们理所当然地认为，个人的所见所闻就是感官传来的信息，也就是外界的真实情况，我们的态度与行为又从这些假设中衍生而来，所以思维决定一个人的思想和行为。

（三）确立以原则为中心的思维方式

认为人的思维会受到具体、多变的外在环境的影响而经常转换，这也是我们不断地自我更新、自我成长所必然出现的结果。但这些转换并不都能保证我们接近成功，有些甚至还会导致人生的滑坡。所以，柯维主张以原则为思维的中心，怎样的转变都不能脱离原则的引力。

有些人生的原则是不容置疑的基本道理，是指向成功圆满的一盏明灯。坚持原则，就不会使自己成为无根的浮萍；坚持原则，就会使自己最终到达成功的彼岸。

（四）遵循成长和变化的原则

人生有很多成长的阶段，无论是生理上还是心理上，都无法绕开，所以我们必须尊重这些阶段，宽容自己暂时的无知，将自己的成长看作一个攀登的过程。

不劳而获、一蹴而就的想法，不但违反自然，而且也寸步难行，只会使你失望，加深挫折感。而有些华而不实的"暴发户"式的论调，就是在鼓励我们去不劳而获，纵使达到目的，也只不过是暂时的侥幸而已。

二、高效能的7个习惯

要想成为一个高效能的成功人士，柯维认为：这是一个循序渐进的过程，必须对自身进行全方位的重塑。他强调，只有养成职业上的7种习惯，才能实现本质的改变。

从修养内在品德出发，由内而外开启改变之门，从个人的成功到人际关系的成功，进而达到全面观照生命的境界。如果说人生最佳的投资就是"自我投资"，那么本书中提及的7个习惯，绝对值得我们每个人投资。

（一）主动积极，别指望谁能推着你走

积极主动即采取主动，为自己过去、现在和未来的行为负责，并依据原则和价值观而不是根据情绪和外在环境来做决定。我们常说："我不会……因为遗传……""我迟到，因为……""我的计划没完成，因为……"我们总是在找借口或是抱怨，在不满中消耗自己的生命。而人类与动物的区别正是人能主动积极地创造、实现梦想，来提升我们的生命品质。所以，高效能的人士为自己的行为及一生所做的选择负责，自主选择应对外界环境的态度和应对方法；他们致力于实现有能力控制的事情，而不是被动地忧虑那些没法控制或难以控制的事情；他们通过努力提升效能，从而扩展自身的关切范围和影响范围。

人虽然不能控制客观环境，但可以选择对客观现实做何种反应。积极的含义不仅仅是采取行动，还代表对自己负责的态度。个人行为取决于自身，而非外部环境，并且人有能力也有责任创造有利的外在环境。

（二）忠诚于自己的人生计划

要成为高效能人士的条件之一是懂得设计自己的未来。认真地计划自己要成为什么人，想做些什么，要拥有什么，并且清晰明确地写出，以此作为决策指导。因此，"以终为始"是实现自我领导的原则。这将确保自己的行为与目标保持一致，并不受其他人或外界环境的影响。柯维将这个书面计划称之为"使命宣言"。

任何一个存在的社会组织都需要"使命宣言"，任何一个企业或个人都不例外。"使命宣言"需要阶段性地评估以及持续修正和改良。

确立目标后全力以赴，就是我们所说的在正确的时间做正确的事，并把事情做对。为什么很多人成功了反而感到失落？许多人在埋头苦干时，尚未发掘人生的终极目标，只是为忙碌而忙碌着，未曾洞悉自己心灵深处的所欲所求，也不曾审视过自己的人生信条：你到底要做什么？什么是你生命中最重要的？你生活的重心是什么？只有确立了符合价值观的人生目标，才能凝聚意志力，全力以赴且持之以恒地付诸实施，才有可能获得内心最大的满足。

（三）要事第一，选择不做什么更难

每个人的时间都是有限的，所以要做重要的事，要坚持要事放在首位的原则。要事即实质的创造，是梦想（你的目标、愿景、价值观及要事处理顺序）的组织和时间，次要的事不必摆在第一，要事也不能放在第二。无论迫切性如何，个人及组织均针对要事而来，重点是，把要事放在第一位。

（四）双赢思维远离角斗场的时代

双赢思维是一种基于互敬、寻求互惠的思考框架与心意，目的是争取更丰盛的机会、财富及资源，而不是你死我活的敌对竞争。双赢观念的形成是以诚信、成熟豁达的品格为基础的。豁达的胸襟源于个人崇高的价值观与自信的安全感，所以不应害怕与人共名声共财势。双赢既非损人利己（赢输），亦非损己利人（输赢）。工作伙伴或家庭成员则更要从互利式的角度来思考问题（"我们"而非"我"）。双赢思维鼓励我们解决问题的同时，还要求协助对方找到互惠的解决方法，是一种资讯、力量、认可及报酬的分享。

（五）知己解彼，换位思考的沟通

为了说明问题，作者打了一个比方：一位眼科医生为病人配眼镜，他先摘下自己的眼镜让病人试戴，其理由是："我已经戴了 10 多年，效果很好，就送给你吧，反正我家里还有一副。"那么，谁都知道这是行不通的。如果医生还说："我戴着很好，你再试试，别心慌。"在病人看到的东西都扭曲了的同时，医生还反复说："只要有信心，你一定能看得到。"那就真叫人哭笑不得了。我们常说遇事要将心比心。因此，"知己解彼"是交流的原则。

这位医生尚未诊断就开处方，谁敢领教？但与人沟通时，我们常犯这种不分青红皂白、妄下断语的毛病。因此"了解他人"与"表达自我"是人际沟通不可缺少的要素。当我们舍弃焦躁心，改以同情心去聆听，便能开启真正的沟通，增进彼此的了解。

要培养"换位思考"的沟通习惯。欲求别人的理解，首先要理解对方。人人都希望被了解，也急于表达，但却常常疏于倾听。众所周知，有效的倾听不仅可以获取广泛的准确信息，还有助于双方情感的积累。当我们的修养到了能把握自己、保持心态平和、能抵御外界干扰和博采众家之言时，我们的人际关系也就上了一个台阶。

（六）统合综效，1+1 可以大于 2

统合综效既非按照我的方式，亦非遵循你的方式，而是采取远胜过个人之见的第三种方案。它是对付阻碍成长与改变的最有力途径。助力通常是积极、合理、自觉、符合经济效益的力量；相反，阻力则消极、不合逻辑、情绪化和不自觉。不设法消除阻力的后果就等于向弹簧施加作用力，结果还是要反弹。如果将双赢思维、换位沟通与统合综效原则整合，不仅可以化解阻力，甚至可以化阻力为助力，个人的力量是团队和家庭统合综效的基础，能使整体获得 1+1 > 2 的成效。实践统合综效的人际关系和团队会舍弃敌对态度(1+1=1/2)，也不仅止于合作(1+1=2)，追求的是创造式的合作（1+1=3 或更多）。

集思广益的合作威力无比。许多自然现象显示 全体大于部分的总和。不同植物生长在一起，根部会相互缠绕，土质会因此改善，植物比单独生长更为茂盛；两块砖头所能承受的力量大于单独承受力的总和。这些原理也同样适用于人，但也有例外。只有当人人都敞开胸怀，以接纳的心态尊重差异时，才能众志成城。

（七）不断更新，过着身心平衡的生活

身心和意志是我们达到目标的基础，所以有规律地锻炼身心将使我们能接受更大的挑战，静思内省将使人的直觉变得越来越敏感。当我们平衡地在这两方面改善时，则加强了所有习惯的效能。这样我们将成长、变化，并最终走向成功。

人生最值得投资的就是磨炼自己。生活与工作都要靠自己，因此自己是最值得珍爱的财富。工作本身并不能给人带来经济上的安全感，而具备良好的思考、学习、创造与适应能力，才能使自己立于不败之地；拥有财富，并不代表有永远的经济保障，拥有创造财富的能力才真正可靠。

可以说，高效能人士的7个习惯是知识、技能及意愿运作时的交集，更是一种人生哲学的提炼。这7个习惯是一个整体，它们相辅相成，既讲到了个人要全力以赴确立目标，进行个人修炼，并由依赖转向独立，从而实现个人成功；也讲到了要通过建立共赢、换位沟通、集思广益等，促进团队沟通与合作。这些全方位、由内而外、由己及彼的习惯，将影响我们的日常工作和生活，极大提高我们的工作效能。通过培养这7个习惯，我们可以循序渐进地获得实质性的变化，成为真正的高效能人士。

三、7种习惯的互动

柯维认为人的成长历程虽是渐进的，效果却是革命性的。前3个有关个人成功的习惯，可以大幅度提高你的自信。你将更能认清自己的本质、内心深处的价值观、个人独特的才干与能耐，凡是秉持自己的信念而活的人，就能产生自尊、尊重和自制力，并且内心平和。你会以内在的价值标准，而不是个人的好恶或与别人比较的结果，来衡量自己。这时候，事情对错的尺度已经无关于是否会与别人的看法一致。

你会意外地发现，当你不再介意别人怎样看待你时，你反而会去关心别人、关心他们所处环境以及与他们的关系。你不再让别人影响自己的情绪，反而更能接受改变，因为你发现了一些恒久不变的内在本质，可以作为你的精神支柱。

第4种至第6种习惯，能够重建以往恶化、甚至断绝了的人际关系。

原本不错的交情则更为稳固。

第7种习惯会加强前面的6个习惯，时时为你充电，使你一步步地达到真正的独立与成功。

柯维认为，7种习惯之间都存在着密不可分的关系：愈是积极主动（习惯一），就越能掌握人生的方向（习惯二），有效管理人生（习惯三）。能够不断砥砺自己的人（习惯七），方懂得如何了解别人（习惯五），寻求圆满的解决之道（习惯四、六）。同理，一个人愈独立（习惯一、二、三），就愈善于与人相处（习惯四、五、六）。不断地磨炼自己，则可以提升前6种习惯的境界。

精 彩 语 录

（1）要改变现状，就得改变自己；要改变自己，先得改变我们看待外界的看法。

（2）习惯对我们的生活有很大的影响，因为它是一贯的。在不知不觉中，经年累月影响我们的品德，暴露出我们的本性，左右我们的成败。

（3）有时别人虽屈服于你的压力，你的内心却仍感到空虚。这时候倒不如开诚布公，努力经营人际关系，反而能赢得信任与合作。

（4）人性本质是主动而非被动的，不仅能消极选择反应，更能主动创造有利的环境。采取主动并不表示要强求、惹人讨厌或具侵略性，只是不逃避为自己开创前途的责任。

（5）有效管理是掌握重点式的管理，它把最重要的事放在第一位。由领导决定什么是重点后，再靠自制力来掌握重点，时刻把它们放在第一位，以免被感觉、情绪或冲动所左右。

推荐阅读

　　《高效能家庭的7个习惯》是《高效能人士的7个习惯》的家庭篇，史蒂芬·柯维的又一力作，全球销量超亿册，被誉为20世纪美国家庭文化圣经。史蒂芬·柯维先生以成千上万的读者已经熟悉的深刻的洞察力、简明扼要和务实的智慧向人们显示，他在《高效能人士的7个习惯》中介绍的原则如何用来建立牢固及互爱的家庭关系并代代相传。《纽约时报》称这本畅销书会告诉你：在一个动荡的世界中，如何创立和维护一种强有力的家庭文化，并获得幸福、成功的完美人生。